왜 레몬이란 단어를 읽으면 침이 고일까

seein 시인들 선 0 0 5 8

왜 레몬이란 단어를 읽으면 침이 고일까

김민자 제3시집

문화발전소

시인의 말

언 마음 녹여 주고 지친 어깨 다독여 주는
아름다운 시詩를 쓰고 싶었다

그러나
뚜렷한 소재가 있는 것도
시대정신이 있는 것도 아니어서

이런 시시한 것도 시詩가 될까
한참을 망설였다

이제
애면글면하지 않고
세 번째 시집을 묶는다

홀가분하다.

         2021년 가을
         잠실나루에서 김민자

목차

시인의 말 ──── 5

제1부

update ──── 12
트랜지스터 라디오 ──── 13
시대의 뒤편으로 사라진 것들 ──── 14
출석부 ──── 15
만년필 ──── 16
수성볼펜 ──── 17
paper ──── 18
연필 ──── 20
타자기 ──── 21
종이컵 ──── 22
종이신문 ──── 23
자 ──── 24
시계 ──── 25
사진 ──── 26
우산 ──── 28
저울 ──── 29
은 ──── 30
은장도 ──── 31

숫자들 ——— 32
한글서예 ——— 33
마음 ——— 34

제2부

떠나기 좋은 날 ——— 36
왜 레몬이란 단어를 읽으면 침이 고일까 ——— 37
내일이면 집을 지으리 ——— 38
79세 ——— 39
회색시간 도둑 ——— 40
호모 비블로스가 되는 시간 ——— 42
언택트 시대 ——— 43
당신의 메르헨은 무사한가요? ——— 44
루틴 ——— 46
충청도 말투 ——— 47
시나리오에 대하여 ——— 48
바보들은 항상 결심만 한다 ——— 50
연작 ——— 51
서울이라는 디자인 혹성 ——— 52
너는 세상에 태어나서 무엇을 했느냐 ——— 54
이 세상은 누가 끌어줄까 ——— 55

"왜"라는 질문 ─── 56
우리 집에 놀러 갈래 ─── 57
지친 돈들 ─── 58
옛날의 내가 지금의 나에게 말을 걸어온다 ─── 59
버킷리스트 ─── 60

제3부

윙크 ─── 64
감탄사 ─── 65
안부 ─── 66
그냥 ─── 67
만일 100명의 마을이라면 ─── 68
개꿈 ─── 69
시그니처 콜 ─── 70
공의 생각 ─── 71
책 버리기 ─── 72
걸음도 늙는다 ─── 74
태양을 대하는 방법 ─── 75
에너지 충전소 ─── 76
kiosk ─── 77
타워 ─── 78
행복할 때 ─── 79

네 덕 내 탓 ——— 80
그런 사람 ——— 81
가짜 버스 정류장 ——— 82
국민연금 ——— 83
막내딸의 독립선언 ——— 84

제4부

지구달력 ——— 86
간격 ——— 87
나는 여름이 어디로 가는지 알아 ——— 88
그 여름, 우연한 산책의 냄새 ——— 90
곳에 따라 ——— 91
무슨 좋은 일이 있으려고 ——— 92
사랑 ——— 93
마인드 바이러스 ——— 94
마음에도 경화가 있다 ——— 95
껴안다 ——— 96
고추잠자리 ——— 97
지칼 ——— 98
5월이 오면 ——— 99
별님에게 ——— 100
삶은 일일드라마 ——— 101

부뚜막 ——— 102
고봉밥 ——— 103
빨래판 ——— 104
홍어와 간자미 ——— 105
제삿밥 ——— 106
개구리의 구애 ——— 108
구석 ——— 109
겨울의 맛 ——— 110
이것도 웰빙 ——— 111

평설
깊게 파기 위해 넓게 파기/ 마경덕 ——— 113

제 1 부

update

    구름을 업데이트한다
    목화솜 같은 구름에서 다래 맛이 난다 구름 위에 앉으면 얼마나 포근할까
    휴대가방을 펼치니 순식간에 방이 하나 나타난다
    구름방에 앉아 책을 읽고 차茶를 마신다

    남편을 업데이트한다
    가계부를 써가며 알뜰살뜰 살림을 하도록 한다 요리 청소까지 그에게 떠넘긴다

    오늘의 식단을 업데이트한다
    숟가락을 포크로 젓가락을 나이프로 밥그릇을 접시로 업데이트한다

    패션을 업투데이트up-to-date한다
    멀쩡한 청바지에 구멍을 내고 긴 치마의 길이를 자른다

    시간이 업데이트한 나이를 다운시킨다
    40세는 28세로 70세는 49세로 90세는 63세로 다운시킨다

트랜지스터 라디오

세탁비누 한 장만한 크기에
세탁비누 넉 장만한 배터리가
고무줄에 꽁꽁 묶인 60년대 트랜지스터 라디오
이 작은 기계가
어떻게 말을 하고 아름다운 노래를 부를까
참으로 신기했다

찌지지 잡음이 날 때마다
손바닥으로 탁탁 두둘기면
끊어졌던 소리가 이어지기도 했다

우편엽서에 또박또박 사연을 써서
나의 신청곡이 언제 흘러나오려나
숨죽이며 라디오에 귀 기울이던
열다섯이 있었다

저편 라디오에서 흘러나오는 1 FM
'노래의 날개 위에' 진행자의 목소리가 들리고
까맣게 잊었던 추억이 흘러나온다

시대의 뒤편으로 사라진 것들

성냥이 있던 자리 라이터가 앉아있다
원기소, 풍금, 타자기, 만년필, 버스안내양, 펜촉, 잉크병, 등사기, 주판, 삐삐, 낙타표 성냥, 레코드판, 워크맨, 다방, 톱밥난로, 밍크이불…

그 많던 성냥개비들은 누가 다 그었을까?
아랫목에서 밥그릇을 품고
가장의 귀가를 기다리던
두툼한 밍크이불은 어디로 갔을까?

다방 이름이 적힌 성냥갑
애인을 기다리며 쌓던 성냥탑
찻잔을 나르던 김양 이양
버스 옆구리를 탕탕 치던 오라이 소리

빛바랜 흑백사진 속에는 그리움이 깃들어 있다

출석부

새 학기가 시작되면
담임선생님은
출석부를 들고 일일이 이름을 부르며
얼굴을 하나하나 외웠다
이름을 불러주는 그 따스함으로
아이들은 선생님을 따르게 된다

요즘 초등학교
예전의 절반인 25명 정도가 한 반이다
선생님의 관심과 무관심에 따라
아이들은 사랑을 느끼고
소외감을 느낀다

이름을 부르는 그 음성
세상의 그 어떤 노래보다 아름답다

만년필

볼펜보다 귀한 만년필

사위에게서 스위스 밀리터리를 선물 받은 적이 있다
좋은 시詩를 쓰고
시집에 사인을 하라고

아끼느라 서랍 속에 잘 넣어 두었다

그러다 한번 뽐내고 싶은 자리에서 꺼내 썼는데
웬일인지 북북 종이 긁는 소리만 낼뿐
글씨가 써지지 않았다

그때 알았다
아무리 명품 필기구라고 하더라도
진가는 길이 잘든 펜촉에서 나온다는 걸

매일매일 펜촉을 닦듯
마음을 닦는다

내 시詩여. 지금 얼마나 익어가고 있는가?

수성볼펜

볼펜을 쓰다가 뚜껑을 잃어버렸다
뚜껑 하나 사라지니
볼펜의 검은 피가 금세 증발해 버렸다

사라진 뚜껑을 따라
어디론가 날아가 버린 잉크들

뚜껑과 볼펜은
자물쇠와 열쇠처럼 한 몸이었다

서로 맞물렸던 몸
짝을 잃은 볼펜은 쓸모가 없다

그 작은 뚜껑 하나가 수성볼펜을 지켜 주고 있었다

paper*

어릴 적 빛바랜 기억들이 그 안에 있다

갱지같이 거칠고 얇은 시험지에
한 자 한 자 꾹꾹 눌러 쓴 답
틀린 글씨를 지우면 종이가 찢어지고
답을 쓸 자리가 사라졌지

신학기마다
새로 장만한 색색의 공책과 스케치북에 가슴이 설렜지

종이컵 지폐 종이봉투 티슈 우유팩….
종이로 만든 많은 것들
그 중 가장 큰 선물은 책

잘 구겨지고, 찢어지고, 변하는 하찮은 것이지만
인류의 역사가 그 속에 있지
앞서간 사람들 족적이 그곳에 남아 있고
한 번도 본 적 없는 세계와
멀고 먼 풍경까지 한눈에 보여주지

책상에 놓인 백지 한 장

나는 무엇을 기록할까

속마음까지 다 받아 주는

저 종이에게

*기원전 3000년경에 고대 이집트 사람들이 나일강 유역에서 자라는 수초인 파피루스의 잎을 말린 다음 그것을 물에 불려 얇게 잘라 다시 붙여서 사용한 것이 오늘날 paper의 기원이 되었다.

연필

초등학생 때 사용한 동아연필
딱딱한 HB는 글씨를
뭉툭한 심 4B는 그림을 그렸다

까만 연필심은 연필의 척추
수시로 연필을 깎아야 했는데
그것이 귀찮아 한 번에 심을 길게 뽑아내면
뚝, 부러지기도 했다

언제든 지우개로 다시 고쳐 쓸 수 있는
연필의 편리함

글씨가 희미해지면 침을 묻혀 쓰던 연필들
그 많은 몽당연필들, 차마 버리지 못했다

이제 부드러운 4B연필로
시詩를 쓴다
손끝에 마음을 모아 쓴다

타자기

탁 탁 탁, 톡 톡 톡….
타자기의 자판소리가 경쾌하게 들린다
도청 서기로 근무할 때
종이에 철필로 글자를 써서 가리방을 밀어 공문시행을 했다
공병우 타자기가 나오자
여직원들은 문서수발실에 모여
자기 소속 과에서 나오는 공문서를 찍었다
하루 종일 타닥 탁탁 자판 두드리는 소리
1분에 200타 이상
수천 수만의 타자용지를 씹듯이
자판을 찍어내던 타이프라이터
자판 곳곳에 새겨진 시간의 무게는 복제할 수 없다

그 타자기 안에는
마치 우리 인생의 오타라는 아픔
비문非文이라는 상처도 안고 있다
그동안 나의 과거의 흔적들
삶이 그 속에 녹아 있다

타자기에서 글자가 튀어나오듯
시詩가 툭툭 튀어나온다면 얼마나 좋을까

타닥 타닥 타닥 활자들이 종이에 박힌다

종이컵

방금까지 내 체온을 껴안던 종이컵이
휴지처럼 버려진다
길바닥에 버려진 종이컵을 보며 생각한다

한때는 그곳이 얼마나 치열한 곳이었는지
월급은 그저 통장을 스쳐가는 것이고
주머니 사정은 늘 얄팍했다
아등바등 시간과 돈에 쫓기며 살아가는 일상
그야말로 먹고 살기 위해 곤죽이 되도록 일했지만
IMF에 밀려 나왔다
그때 고단한 내 마음을 다독여준 건 바람이었을까

쭈글쭈글 구겨져
버려진 컵

무심히 흘러가는 강물만 하염없이 바라보던 그때가 보인다

종이신문

아침마다 어김없이 찾아오는
정치 경제 사회 특집 기획 뉴스….
잉크 냄새 맡아가며
한 장 한 장 세상의 표정을 넘겨본다

눈살이 찌푸려지는 사건들
내 감정이 복잡해진다
그러나 수필, 시, 아침편지를 읽다 보면
딱딱한 내 감정이 말랑말랑해진다

신문의 힘은
살아 움직이는 활자의 힘이다

취재부터 배달까지 사람의 체취가 배어 있는
종이신문은
나와 세상을 이어주는 끈이다

자 ruler

삐뚤빼뚤 선을 그려대던 초등학교
자를 쓰기 시작하는 나이는 언제일까

주먹구구를 물리치고
일정한 규칙을 갖고 있는 자
공장에서 만들어낸 물건도
정해진 규격에 맞아야 한다

자의 역할이 긋고 재는 것에만 있을까

사람들은 자신만의 잣대를 갖고
이리저리 멋대로 판단한다

사람의 잣대는 눈금이 없어
불안한 잣대이다

시계

사람들은 나이라는 시계 하나씩 가지고도
시계가 있는 줄 모르고 산다

내 시계는 몇 시를 가리키고 있을까
내 인생시계는 지금 몇 시인가
얼마나 많은 시간이 내게 남아 있는가

주어진 시간
그 한계 속에서
나는 최대한 느릿느릿 시간을 쪼개 쓴다

놀랍게도 시간이 뒤로 가고 있다

사진

오래된 사진속의 나를 본다
언제 이런 사진을 찍었지
다시 꺼내 보니 아련하다

그렇게 스쳐온 시간들
하나하나 차곡차곡 정리해 놓은 앨범
조금은 어색한 듯 웃고 있는 부모님
기저귀만 차고 온 집안을 휘젓고 다니는 아이
내 생일날 꼬막손으로 아이들이
직접 그린 엽서에 쓴 축하 메시지
작은 앨범 한 권에
행복했던 순간이 담겨 있다

한 장의 사진 속에는
어린 시절 시골 주택가 작은 공터에서
무료하게 하루를 보내던 나의 모습이 있다
공터 앞에 앉아 있으면
자전거를 타고 쌀을 배달하는 아저씨도
동네 꼬마도 지나갔다

우리 집은 공터를 마주한
적산가옥이었는데
낡은 사진을 보고 있으니
어스름 저녁 무렵
"밥 먹어라" 어머니의 목소리가 들리는 것 같다

우산

일기예보는 친절하다
"우산을 준비하십시오"

준비하지 못한 비를 만날 때마다 늘어난 우산
우산꽂이에는 가족들의 숫자보다도 많은 우산이 가득하다

예전엔
길에서 소나기를 만나면
비닐우산 장수가 어디선가 나타났다
대나무살에 비닐을 붙인
바람이 불면 훌렁 뒤집혀 버린 그 일회용 우산

우산이 너무 흔해
버스에 지하철에 놓고 오는 우산들
우산 하나쯤이야, 하찮게 여긴다

비에 흠뻑 젖어 뛰어가는 사람은 이제 없다

저울

내 인생의 살림살이
저울에 올려놓으면
얼마큼의 무게가 나갈까

봄나물 좀 뜯어놓고 생강 몇 알 까놓고*

좌판도 없이 그냥 소쿠리에 담아 놓은 듯한
한 줌의 무게

봄밤 어디서 매화 피고 지는 소리
한아름이다

*김재진의 「저울」에서 빌려오다

은銀

몸 상태에 따라 광택이 변하는 은
다른 금속과 합금을 하면 강도가 단단해진다

순도 100퍼센트 순수한 말도 합금을 하면 강해진다

우리가 하는 말들을 되새겨 보면,

나를 좀 알아 달라
내가 얼마나 귀한 사람인지
내가 가진 능력이 얼마나 뛰어난지를

확인받고 싶은 것들이 많아
말에 말을 보탠다

은銀은 말한다
제아무리 찬란한 빛을 가지고 있어도 혼자서는 불가능하다고

인생은
세상과 나와의 그 절묘한 접합점接合點을 찾아가는
오랜 과정이 아닐까

은장도

철박물관에 은장도가 전시되었다

곡선을 타고
은은하게 흐르는 차가운 금속의 반짝임
버선코처럼 살짝 들린 끝 매무새

살생도 가능한 무기지만
그저 칼로 보기엔 작고 아름답다

조선 후기 여인들의 소지품
거울과 빗 그리고 장도
노리개로 품에 지녔던
칼날에 일편심一片心 글자를 새겨
여인의 정절을 지키던 호신용이다

은장도를 지녔던 여인들은 어디로 갔나

이제 장인의 예술혼이 담긴 유물로 남아 있다

숫자들

2020년 5월 31일
오늘을 가리키는 날짜
휴대전화 번호
매일 타고 다니는 버스 번호판
시시각각 변하는 시계 판 숫자
키, 몸무게, 나이, 신발 사이즈, 옷 치수
아파트 동 호수
주민번호 생년월일
우리는 무수한 숫자들과 살아간다

숫자 ZERO
어떤 것으로도 나누어지지 않고
모든 것을 무위로 만드는
0이 가지는 역할은 어떤 숫자든 다시 새로운 자릿값을 해 준다

숫자 0을 닮은 오늘 하루
같은 집, 같은 직장, 같은 사람들과 함께
첫날은
인생의 자릿값을 새롭게 채운다

한글서예

한글서예를 배운다

ㄱ ㄴ ㄷ ㄹ ……
ㅏ ㅑ ㅓ ㅕ ……

하얀 종이에 번지는 먹물
모음 'ㅣ' 자 하나 내리긋는 획 하나가
서울에서 부산까지의 거리만큼 멀다

느낌도 다르다
햇빛은 수직으로 내리는 느낌
햇살은 곡선으로 넘실대는 느낌
햇볕은 면의 느낌이 난다

다시 붓을 든다

삐뚤빼뚤 흔들리고 번지지만
수없이 쓰고 쓰다 보면
반듯하게 쓸 수가 있을 거라고

인생의 길도 마음의 길도
넘어지고 구부러지고 되돌아가면서
바른길을 찾게 되듯이
서울에서 부산까지의 거리가 점점 가까워질 거라고

마음

어디에 있는 걸까
보이지도 않고 잡히지도 않는
그 마음이라는 것 때문에

보이지 않는 그 마음 놀이에
이리저리 휘둘리다가
세월을 보낸다

사랑과 상처를 구별하는 기술
부드럽게 열고
단단하게 닫는 마음의 기술

나는 얼마나 터득하고 있는 걸까

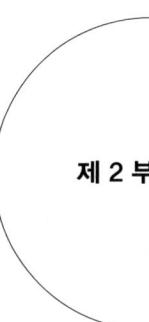

제 2 부

떠나기 좋은 날

들에는 패랭이꽃, 미나리아재비, 으아리가 피고 작약과 장미가 피는 초여름. 알맞은 햇볕, 신선하고 결이 고운 바람이 불어온다.
이곳 저곳, 자유롭게 이동하는 바람은 국경도 훌쩍 넘고 계절의 문턱을 넘어온다.
보이지 않는 바람의 날개가 보드랍기만 하다.

봄이 여름에게 바통을 쥐여주는 시간, 사계절 릴레이는 이어진다. 간절기는 잠시 호흡을 고르는 시간, 가쁜 숨을 멈추고 이별에 대해 생각해본다.

떠난 자리에서 처음이라는 움이 돋는다. 이별은 또 하나의 처음이 되기 위한 밑거름이다. 쓰러진 계절 위에 또 하나의 새로운 계절이 일어서듯 또 하나의 끝은 시작을 암시한다.
이별은 새로운 시작이니 슬퍼하지만은 말아야겠다. 살면서 모란꽃처럼 아름답고 기쁜 날은 얼마나 될까. 아들도 막내딸도 잔치를 치르지 못했으니 떠나는 날엔 이웃에게 따뜻한 마음 한 사발 듬뿍 담은 잔치국수라도 대접하고 싶다.

나의 마지막엔 입속에서만 우물거리던 고맙다, 사랑한다, 행복했다는 말을 아낌없이 다 하리라. 상처 준 이에게 진심으로 용서를 빌며 떠날 수 있다면 좋으련만.
어느 것도 영원한 것은 없으니 욕심과 집착은 내려놓으리라.

왜 레몬이란 단어를 읽으면 침이 고일까

마늘, 식초, 계피, 라벤더처럼 냄새가 강한 단어
바늘, 구름, 막대기 등 냄새가 약한 단어를 읽으면
그 향을 맡을 때와 꼭 같은 뇌 부위가 활성화된다*

레몬을 떠올리는 순간 우리 입에는 침이 고인다**
풋살구와 매실을 떠올려도 흥건히 혀가 젖는다
나무늘보, 하면 내 걸음이 느려지듯이

골프선수들 퍼팅자세를 상상하며 연습하는 이미지 트레이닝
마지막 순간 버저비터가 승리를 결정할 때
드라이버를 집어들 때
자동차에 올라탈 때
공을 찬다, 라는 문장을 읽을 때
소설이나 영화를 볼 때

그대로 상상으로 바뀌는
상상의 힘으로

레몬을 읽으며 갈증을 덜어낸다

* 스페인 자우메 대학교 심리학과에서 이루어진 실험 결과
**곽금주 서울대 심리학과 교수 글에서 빌려옴

내일이면 집을 지으리

티베트 전설 속의 새 야명조夜鳴鳥
밤이 되면 히말라야 산에서 몰아치는 눈보라와 세찬 바람에 사람의 집 처마에 몸을 의지한 채 울부짖는다.
"내일이면 반드시 집을 지으리."

날이 밝고 히말라야 산 위로 해가 떠오르면 따사로운 햇살에 얼었던 몸이 풀리고 어제 저녁의 가혹한 추위와 고통도 잊어버린 새, 즐겁게 노래만 부르다가 평생 집을 짓지 않았다

매년 1월 1일에 세운 새해 결심 설날에 한 번 더 다짐을 했다 여름이 오고 한해가 반이나 흘렀지만 아직 반이 남았다고 방심하다가 10월을 지나 11월을 허탈하게 맞이하고 12월이 되면 한해가 다 갔다며 자책했다

작년에도 재작년에도 그렇게 일흔여덟 번을 보냈다 바쁘다는 핑계, 내일이 있다는 위안 때문에 나 또한 '내일이면 집을 지으리'라고 되뇌며

79세

아직 이렇게
이렇게 젊은데
의연한 척 무연한 척 하지만

사실은 알고 있습니다
나이를 먹는다는 것은
자연스러운 우주의 섭리이기에
같은 나이의 친구나 지인의 부음은 어쩔 수 없습니다

한 살이라도 젊어 보이고 싶어
만으로 나이를 말합니다.
79세와 80세는 한 살 차이지만
세대가 다릅니다

79세라고 쓰고 싶어서
허겁지겁 시詩를 쓰고 있습니다
이 시집이 출간된 즈음에는
80대가 되기에

회색시간 도둑

100년 인생이라 해도 2042년 이후는 내게 존재하지 않는 시간.
아침에 눈을 뜨니 2020년은 벌써 3백 62일이 지났고
3일 후면 365일로 이루어진 1년을 79번 이상 산 사람이 된다.

지구의 역사가 120억년
장구한 인류의 역사도 우주의 아름다운 먼지에 불과하다.
내 인생은 우주의 먼지에 묻은 먼지라도 될까.

살아온 80년.
회색빛 시간 도둑의 말대로 시간을 계산한다면 한 시간은 3600초,
하루 24시간은 86,400초, 일 년은 31,536,000초
거기에 내 나이를 곱하면 엄청난 양의 초가 된다.

잠자고, 일하고, 먹는 데 소비하는 시간, 집안일과 가족과 친구와 보내는 시간,
애완동물을 돌보는 데 허비한 시간을 빼고 나면 '0'이 된다.

그렇게 시간을 도둑맞았다.

남은 20년,

쳇바퀴처럼 지나가는 하루하루에 7일을 주기로 돌아가는 일주일의 오늘.

어떤 특별함 없이 평범함을 유지할 때 일상은 특별해지지 않았을까.

평범이 비범이 되는 순간들이다

*회색시간도둑: 미카엘 엔데의 『모모』라는 책에 나오는 회색빛 시간도둑. 인간의 죽어 버린 시간들을 먹고산다.
자기 몫의 시간을 자기 것으로 살지 못할 때 그 시간은 죽어 버린 시간이다.

호모 비블로스*가 되는 시간

여행 가면 카메라 셔터 누르기 바쁘고
오늘 뭘 먹었는지 트위터를 통해 알리며
심지어 덜 마른 시멘트 바닥에 이름까지 써두는 사람들
시간이 흐를수록 기억저장고는 좁아지고
감각 또한 무뎌지기에 흔적을 남기려는 것일까

어느 날 「난중일기」를 읽으며 기록의 소중함을 알았다
최고사령관으로 부상자, 사망자, 전쟁 상황, 모습, 나라 충성심, 효도 등 7년 동안을 기록한 장군의 일기

원균은 기록이 없다. 훌륭한 1등 공신이었지만 600년 후 후손에게 알릴 증거가 없다

역사는 기록이다. 위대한 장군도 기록이 없으면 존재하지 않는다.
매일매일 조금씩 무언가를 쓰고 있다
다시 채워 가는 3시집도 더 풍성해질 게 분명하다
나는 조금씩 나를 기록하고 있다

*호모 비블로스(Homo Biblose) 또는 호모 스크립투스(Homo Scriptus)는 기록하는 인간.

언택트 시대

써도 써도 마이너스가 되지 않고
이자에 이자가 더 불어난 통장은
영혼까지 행복하게 해 줄 수 있을까

사랑이 적립된 통장은
주면 줄수록 나누면 나눌수록 커지는
없어지지 않는 사랑의 잔고
어디서나 찾을 수 있고
수수료가 없다

설렘, 신기함, 호기심, 기쁨, 성취, 행복을
함께 송금한다

언택트 untact 시대
오늘 장보기 쿠폰, 도서쿠폰, 텀블벅 후원….
off-line을 on-line으로 바꾼다

오늘 너에게 사랑을 송금한다

당신의 메르헨*은 무사한가요?

우리에게 동화가 필요할까?
이렇게 연일 혼란스러운 소식과
무겁고 암담한 예견이 가득한 2020년

COVID 19시대
외손녀가 졸업했다
6년간의 학교생활 친구들과 이별을 앞두고
사진 찍기 전후에 마스크를 쓰고
졸업사진 찍을 때만 단체로 사진 한 장 찍고 왔단다
졸업식 없이 졸업하고 입학식 없이 입학하는 시대

70년 전의 내 졸업식이 떠오른다
빛나는 졸업장을 타신 언니께
재학생들이 꽃다발을 한 아름 선사하는 노래를 불러주고
잘 있거라 아우들아 정든 교실아
졸업생은 답가를 불렀다
합창이 끝나면 뒤엉켜 울음을 터뜨렸다

외손녀에게 이 시간은 어떤 기억으로 남게 될까

어쩌면 외손녀의 달콤한 메르헨과는
지구 몇 바퀴만큼 거리가 있을 법한 일이다

그러나 인생은 가끔 마법을 부린다
반짝이는 크리스마스트리나 포근한 테디베어의 웃음이
즐거운 과거를 축적하는 추억이 되기도 한다
어쩌면 그것이 가장 현실적인 메르헨일지도 모른다

*메르헨: 동화 또는 옛날이야기

루틴*

하루는 24시간
이 하루의 1%
14분 4초가 된다
코로나 이후 집에 머무는 일이 일상화가 되어
하루에 단 1%라도
나를 위한 루틴을 만들기로 했다

강신주, 고미숙, 진중권, 신정근, 김용규, 이현우 등
저마다 나침판 역할을 해 주는
스승들을 모시고 인문학 공부를 시작했다
더디고 굼떠도 한 글자 한 글자 꼭꼭 씹어서
되새김질까지 하며 읽다 보면
무릎을 치고 주억거리는 일이 잦다

하루에 고작 스무 페이지 남짓 느릿느릿 읽는다
새로운 마음공부를 위해

*Routine : 하루 시작하기 전에 일어나서 하는 일

충청도 말투

나의 전설적인 리액션이 있다.
어이구, 왜그랴~, 그랴~, 지랄하네*,
냅더유, 괜찮아유, 뭐~~여…

어느 국어학자**는 충청도 화법을 느린 화법이 아니라 접는 화법이라고 했다
맞쥬? 그 사람 맞느냐는 물음을 두 글자로 줄여 버린 화법이다
뭐~~여? 욕설을 퍼붓고 싶을 때
괜찮아유? 좋다 싫다가 없는 능청이다
냅더유, 종쳤슈? 상황 끝이라는 말이다
안 그랴? 내가 아이들한테 담북장을 맛있게 끓여 주며
요리는 감이여, 힘들면 좀 어뗘,
자식들 맛있게 먹는 걸 보면 안 힘들어, 안 그랴

우리 집은 느린 화법으로 보면 남편은 충청도 사람 같고 나는 경상도 사람 같다
충청도 여자와 살아본 무뚝뚝한 경상도 남편들은 알까
본심을 드러내지 않아 속을 알 수 없고, 우유부단하고 뒤끝이 있는 것을

*지랄하네 : 욕이 아니라 친근감의 표현을 대신하는 것,
일종의 감탄사랄까, 비속어에 속한다.
**한성우교수 : 사투리에 담긴 삶의 풍경을 『방언정담』이란 책으로 펴냄.

시나리오에 대하여

일주일에 서너 편 영화가 극장가에 개봉된다
어떤 영화들은 며칠 되지 않아 간판을 내리고
어떤 영화는 해를 넘기며 관객을 불러모은다

그 차이는 어디에 있을까?

스타급 연기자들이 출연을 했는가
연기자들이 얼마나 연기를 잘 해냈는가
제작비를 얼마나 많이 들였는가
이런 등등의 원인으로 손꼽아 볼 수 있겠지만

무엇보다 중요한 것은 시나리오이다

연기력이 탄탄한 일류급 배우가 출연을 해도
엄청난 제작비를 투자해도
시나리오가 탄탄하지 못하다면
그 영화는 성공할 가능성이 많지 않다

하물며 두 시간짜리 영화 한 편에도 이렇게 시나리오가 중요하거늘
약 80년에서 100년을 채워가야 할

우리 인생의 시나리오에 대해 말해 무엇하랴

그렇게 중요한 시나리오가
당장 1년 후
아니면 5년 후에는 공백으로 남아있다면 어떨까?

어쩌면 불과 며칠 만에 간판이 내려지는
참패를 면치 못하는 영화처럼
우리 인생도 그런 대접을 받게 될지도 모른다

내년에는 무슨 계획 있으세요?
5년 후에 목표는 뭔가요?

여든이 넘은 내 계획표는
신의 손에 달려있다

바보들은 항상 결심만 한다

잘해 보려고 계획하고
결심하다 보면
금세 한 달이 가 버리고
어찌해 볼 도리가 없어 안타깝다

바보들은 항상 결심만 한다, 는 책 제목
꿈은 내일쯤, 언젠가,
변명으로 이어지고 미루어졌다

노르웨이 러시아 포르투갈 뉴질랜드 이집트 페루 볼리비아….
세계여행을 가고 싶다고 중얼거렸다

시간이 나면 그때 좋은 시를 써 보겠다고 중얼거렸다

돈은 다 모을 수 없고 스케줄은 비지 않고 여가는 나지 않았다

마음이 무너질 때 다시 결심을 한다
그 결심으로 어떤 장벽이라도 뛰어 넘으려고

연작 連作

벼는 연작을 해도 피해가 없지만 고추, 마늘은 똑같은 밭에 매번 심으면 점점 병충해가 심해 소출이 적어진다 땅이 지쳐 있을 때 얼마간 땅이 쉴 수 있는 휴식이 필요하다

시詩에도 연작이 있다 하나의 주제 아래 여러 작품을 이어 짓는 것인데 자칫 안일한 마음을 먹게 되면 주제를 벗어나거나 매번 똑같은 시詩가 되기도 한다

농작물이든 시詩든 연작에는 재충전이 필요하다 하루하루 조금은 다른 무게와 다른 색깔로 살아갈 새로운 액센트가 내 마음에도 필요하다

서울이라는 디자인 혹성

 서울 한복판에 거대한 우주선이 불시착했다 수성도 금성도 아닌 바로 '서울'이라는 이름의 디자인 혹성, 한 장도 같은 것이 없다 사만오천 백여 장 알루미늄 판으로 제작된 둥근 모자 같고 거대한 은빛 물고기 같은 UFO 동대문 디자인 플라자(DDP)*
 그곳에서 서울이라는 디자인 혹성의 중력실험이 이루어지고 있다

 별에서 온 그대, 동대문에 외출 나온 조선 미인, 그녀는 실타래 같은 머리를 탐스럽게 말아 올리고 나긋나긋 두 손으로 앞가슴 삼작노리개를 만지작거린다 200년 전 패션리더의 자신감이 넘친다

 2015년 한복 입은 샤넬이 서울의 밤을 수놓는다 돌돌 땋아 틀어 올린 어여머리, 비단 위에 색동을 프린트로 찍어낸 셔츠, 여성의 속곳처럼 가벼운 바지…. 옛것과 새것이 합작 디자인 플라자
 잔치판은 벌어졌고 세계인이 몰려온다 디자인이란 산소 가득한 공기와 든든한 중력과 같은 것인지도 모른다

스톤박사**처럼 당분간은 혼미한 무중력 속을 떠다니며 다채로운 디자인 무브먼트를 덩실덩실 즐겨봐야겠다

*DDP: dream 더 나은 세상을 상상하여 꿈꾸고/ desin 창의적 생각을 실현하여 디자인하고/ play 다양한 생활을 구현하여 누리는
**영화〈그래비티(Gravity)〉: 라이언 스톤박사는 자궁 속 태아처럼 무중력상태에서 우주를 떠다니다 마침내 땅에 두 발을 딛고 지구의 공기를 들이마신다.

너는 세상에 태어나서 무엇을 했느냐?

　육종학자인 우장춘 박사는
죽어 염라대왕 앞에 불려가서
너는 세상에 태어나서 무엇을 했느냐?
　질문을 받으면 이렇게 대답하겠다고 했다
　"나는 배추잎사귀 하나 사람들이 먹기 좋게 잘 개량해 놓고 왔습니다."

　만약 내가 같은 질문을 받는다면
어떤 대답을 할 수 있을까
이 세상에 태어나 뭘 했는지
무슨 대답을 할 수 있을지
아무리 생각해 봐도 자신 있는 대답이 나오지 않는다

　그저 말 한 마디 따뜻하게 하고
시원한 물 한 잔 건네주고
어려운 이웃을 위해 작은 마음 보탰습니다
주부가 집안일을 놓으면 온통 어지러워질까봐
그것으로 내 몫을 다 했습니다

　뭔가 대단한 일을 해야만 하는 것은 아닐 게다

이 세상은 누가 끌어 줄까

거리를 걷다 보면
어디선가는 새 건물을 짓고
외벽을 화려하게 리모델링 하고
지하철 공사, 길 보수 공사
도시는 새 단장을 하기 위해
한시도 멈추는 법이 없다

하지만 그 도시의 어느 골목에서는
리어카를 끌고 가는 노인이 있다
헝클어진 철근 몇 가닥
마시고 버린 음료수병
낡은 종이상자
리어카에 담긴 것들은 단순히 쓸모없는 것들은 아니다

언젠가 내가 쓰다버린 시간들
그 세월의 아쉬움을 홀로 끌고 가는 게 아닐까
새것에만 익숙하다 보면
사라질 것 같은 이 세상은 누가 끌어 줄까

"왜"라는 질문

오랜만에 외손녀와 지내다 보면
신기한 것이 많아 묻는 것도 참 많다
내가 어렸을 때도 그랬을까?

밥은 왜, 감사하게 먹어야 해요?
사람을 만나면 왜, 반갑게 인사해야 해요?
왜, 가을 다음에는 겨울이 와요?
낙엽이 다 지면 추운겨울에는 나무 혼자 어떻게 해요?

먹고 자고 입고 만나는 모든 일들에
아이는 끊임없이 질문을 쏟아낸다
일일이 답해 줄 때 귀찮기도 하고 난감할 때도 있다
알고 있는 내용이지만 그걸 설명해 주다 보면
그 속에 숨은 다른 의미들을
늦게나마 알게 될 때도 있다

너무 당연한 것에도
"왜"라고 질문하는 아이의 생각은
단단하게 굳어 버린 어른의 가슴에
싱싱한 줄기를 피워내는 것은 아닐까

우리 집에 놀러 갈래?

우리 집에 놀러가자
참 단순한 말 같지만
내 허름한 일상과 숨기고 싶은 그 잡다한 것을
다 보여주겠다는 것
체면이고 자존심도 버리고
있는 그대로 너에게 다가가겠다는 것

나이를 먹으면서 사람을 사귀는 기준은
많이 달라졌다
사람이란 말이 통해야지
그래도 자란 환경이 어느 정도는 맞아야지
하다못해 취미나 성격 외모까지 따지고 들면
거칠 것들이 너무 많다

오늘은 젊은이들이 은반지를 주고받는 실버데이
일부러 하루를 정하고 선물을 주고받아야
마음을 확인할 수 있다는 요즘의 세태

정작 확인할 것은 상대방의 마음이 아니라
어쩌면 내 마음일지도 모른다

지친 돈들

한국은행에서 화폐교환 창구를 맡고 있는 그녀는
하루에도 수억 수천만 원의 돈을 만지는데
돈은 사람들만큼 참 사연이 많다

시장 상인들이 500원짜리 동전 대신으로 쓴다고
반으로 쭉 찢은 천 원짜리 지폐
어르신들이 장판 밑에 숨겼다가 불에 타 버린 돈
남편 몰래 곗돈 탄 걸 전자레인지에 숨겼다가 작동시켜 타들어 간 돈
천장에 구멍 뚫고 숨겨 놨다가 쥐가 갉아먹은 만 원짜리

아옹다옹 어떻게든 살아보려는
사람들의 기록이 돈에 들어있다
천 원짜리 한 장에서 피어나는 웃음과 눈물을 생각하며
그녀는 매일매일 마음으로 외친다
"지친 돈들아 내게 와서 쉬어라"

그녀의 하루는 돈을 만지는 게 아니라
지치고 고달픈 인생살이를 만지는 것이다

옛날의 내가 지금의 나에게 말을 걸어온다

둘러앉아 흙장난하던 친구들
높다랗게 뻗은 미루나무 사이로 보이던 논둑길 풍경
철부지 어린 시절을 추억하며
잊고 있던 내 모습을 찾아본다

옛날의 내가 지금의 나에게 말을 걸어온다

꿈을 향해
묵묵히 걸어가며 나름대로 열심이었던 시간들
사회에 첫발을 내디딘 설렘의 20대,
한창인 30대, 40대의 전성시대로 돌아간다면 나에게 말해주고 싶다
잘 살아왔다고 지금대로 살면 된다고
후회하는 것은 원하는 대학에 가지 못한 것

미래의 나에게 편지를 보내는 건 어떨까?
10년 뒤면 나는 80세
80세의 나에게 앞으로 조심해야 할 것을 확인해 두는 것이다
자신에게는 좀처럼 냉정해질 수 없다
70세의 내가 80세의 나에게 충고를 해 주는 건 어떨까

버킷리스트

인생 뭐 있어
폼 나게 즐기다 가는 거야!
사람들은 닥치는 대로 축배를 든다

어떤 죽음이 삶에게 말했다*를 읽었다
왜 사람들은 이제 끝이라는
데드라인이 코앞으로 다가와야만
정신을 차리는 걸까
그게 인생의 법칙일까

올 한해, 아니 지금껏 이루지 못한 꿈과 계획들이
가슴을 짓누른다
인생을 절반 이상이나 소비한 지금
앞으로 남은 시한부의 시간을 위한
버킷리스트를 적어본다
약간의 긴장을 가미해

현재를 충실히 살기
이래서 못하고 저래서 못하고 핑계 대지 않기
한 달에 한 권 책 읽기

자기 자신을 칭찬해 보기

특별한 이유 없이 한 사람에게 열 장의 엽서를 보내기**

일상의 사소한 것들 즐기기….

적고 보니 평범한 것들이다

그렇게 평범한 것들조차 지키지 못한 후회가

버킷리스트에 버젓이 들어 왔다

*김범석지음~서울대병원 종양내과 의사가 기록한 마지막 순간들
**데인셔우드의 '죽기 전에 꼭 해볼 일들' 중에서 빌려오다

제 3 부

윙크

나는 몇 번이나 윙크를 해보았을까
또 받아 보았을까
윙크 한 번 해보지 못하고 시간은 허리가 휘었다

윙크는 마음의 신호
하와이 힐튼호텔에 머무는 동안
엘리베이터에서 마주칠 때마다
윙크를 보내 온 미국인
하루 종일 행복했다

별과의 눈맞춤도
수만 광년의 시공간을 걸쳐 이루어진다
한 번의 눈맞춤을 위해 별빛은 수만 광년 전에 떠나
내 눈동자로 들어온 것이다

사랑의 눈맞춤은
일생을 걸어도 좋을 숨 막히는 끌림과 설렘이다

목련나무가 건너편 목련나무에게 윙크를 보낸다
곧 봄이 오겠다

감탄사

말에도 표정이 있다
오! 어머!
이런 한 마디에 기쁨이 출렁거린다
밝은 음성에 꽃이 활짝 피기도 하고
우울한 목소리에 그만 꽃이 지기도 한다

봄 햇살에 반짝이는 바다
아이들의 해맑은 웃음
당신을 사랑하는 따스한 눈빛
하루의 귀를 적시는 잔잔한 음악
멀리서 날아든 비에 젖은 솔 향기
오늘 나에게 배달된 눈부신 아침

겨울 찬바람에도 꽃이 피듯
힘들어도 열심히 사는 사람들
이런 아름다운 풍경들이
생을 감탄하게 한다

안부

안부라는 말
사람 사이 온도를 높여주는 말

오늘처럼 기온이 뚝 떨어진 날
찬바람이 마음속까지 파고드는 날

휴대전화에 저장되지 않아
인사 한 번 나누지 않은 사람들에게도

잘 지내는지요?
추운데 어떻게 지내세요?
건강은 어떠신지요?

문자메시지 하나에 마음의 온도가 따끈따끈 올라간다

그냥

아름다운 풍경을 보고
감동하는 사람들에게 그 이유를 물으면
그냥이라고 말해요

그 사람이 왜 좋습니까
이유요?
그냥 좋은 거죠

조건 없는 사랑
조건 없는 나눔
그냥 마음이죠

어머니가 아이를 왜 사랑하는지
이름 없는 독지가가 큰돈을 왜 기부하는지
그냥 하는 거예요

왜 사랑하느냐고
왜 나누냐고 물으면
그냥이라고 대답하는 거예요

만일 100명의 마을이라면*

이 세상에 딱 100명만 살고 있다면
한 사람, 한 사람이 소중해서
서로 상처 주는 일도
함부로 대하는 일도 없고
낯선 사람들에게도 친절할 것이다

옛사람들은 말했다
세상에 풀어 놓은 사랑은 돌고 돌아 다시 돌아온다고

마음은 부메랑 같아서
내가 준 것이 몸을 불려 내게로 다시 돌아오곤 한다

언젠가 값없이 베푼 선행이
이 세상을 돌고 돌아
다시 내게로 돌아오듯이

*이케다 가요코 지음. 세계를 100명의 마을로 보는
흥미로운 설정을 통해 세계는 하나임을 일깨워 주는
에세이 『세계가 만일 100명의 마을이라면』에서 빌려오다.

개꿈

꾸다, 라는 동사와 붙어 지낸다
꾸다, 꾸다, 꾸다…
반복하여 주문을 외우면
어느새 이루다, 라는 동사와 붙어있다

초등학교 장래 희망란에
대통령, 장군, 판사, 의사 꿈을 적었다
중, 고등학교 때
선생, 외교관 희망을 말했다
마흔이 넘고 쉰 고개를 넘어 일흔
지금 이 나이에 무슨 꿈이냐고 할지 모르겠지만

프로이트에 의하면 진짜 꿈은 개꿈이라지만
시인이 되는 꿈을 꾸는 날이 있다

개꿈을 꾸는 날에는
내가 시인이라도 된 것 같다
개꿈이다

시그니처 콜

고래는 상당한 지능이 있어
초음파를 통해 서로 의사소통을 한다
초음파 중에는 고정된 초음파가 있어
고유한 신호*로 스스로를 인지하고
동료를 부르고 먹이를 찾고 무리를 이루며 대화를 한다

최근 미국 북서부에 서식하는 범고래의 생태에 관해
흥미로운 자료가 공개됐다
가족애가 많은 범고래, 사람과 교감하는 돌고래
점차 늘어나는 선박들의 소음 때문에
고래들의 신호음이 20~30년 전에 비해 훨씬 더 길어졌단다

북극이나 남극지방에서는 공기가 차고 밀도가 높아
멀리 떨어진 사람과도 육성으로 대화할 수 있다고 한다

말의 홍수를 이루며 사는 세상
소음이 더 큰 소음을 만들어낸다

*시그니처 콜(시그니처 휘슬): 자신을 일컫는 고유한 신호

공의 생각

골프공이 높이 올랐다
장자에 나오는 대붕처럼
45g의 무게로 비행을 꿈꿨다
그린에 떨어져 홀인할 때까지
바닥에 추락하는 순간
모든 날개도 사라졌다
그때 비로소 바닥에 구르는 공인 줄 알았다

내 안에도 수많은 딤플이 있었다
가슴 뛰는 환희의 순간도
힘든 고통과 시련도
높은 벽과 마주하고
절망에 빠지기도 했다
내가 직선으로 공을 굴려 보내도
오른편으로 휘기도 하고
옆으로 회전하며 굴러가기도 했다
골프공처럼

하지만
떨어지는 것들은
언제나 올라올 수 있다

책 버리기

어느 날 문우에게
내가 멀리 여행을 떠나면
버릴 거라고는 4톤 트럭 한 대 책뿐이라고 말했다
대물림할 게 없어 그걸 남기느냐고
당장 버리라고 한다

언젠가는 나를 괴롭히던 세속 잡사들 버리고
연체된 카드 값, 안 써지는 시^{詩}, 손때 묻은 책들, 오랫동안 정 붙인 추운 방들
그림과 사진들, 필기구들,
가족과 친구들 훌훌 털고 빈손으로 떠나게 될 것인데

쌓아둔 시집과 수필집을
석촌호수 동호수변 문고에 몇 권 슬쩍 갖다놓고
송파구청 지하 도서실에도 몇 권 슬쩍 갖다놓고
불교방송국에 기증도 하고
서울시내 국공립도서관에 한 권씩 보내보고
도서기증 문의처에 문의도 해보고

묵은 책을 뒤적이면 이따금 귀가 접힌 책장

밑줄과 메모
책장에는 가슴 뛰던 그때의 체온이 스며있다

며칠 끙끙대며 몇백 권을 추려보지만
남은 책이 더 많다

책만 그럴까
걱정과 미련 욕심까지 버리기는 더 어렵다

걸음도 늙는다

엑스레이에 찍혀 나온 내 무릎
대나무 마디를 닮아 있다

앉고 일어설 때면 사뭇 찬바람은 아휴 아휴 분다*

캔들의 촛농처럼 흐르는 몸의 눈물
무릎도 늙는다
나이가 들면 몸도 중력에 항복하는 것이다

서 있을 수도 걸을 수도 없다
앉아서 엉덩이걸음을 한다

대나무는 연골처럼 중간 중간 마디를 만들어
제 키를 지킨다

접었다 펴기 쉬우라고
수많은 표현을 담고 있는 긴 문장의 무릎 뼈

무릎은 서로 소통한다
공손히 무릎 꿇고 기도를 하고
기쁠 때 무릎을 탁 치기도 하고

*온용배 시인의 「어머니 무릎뼈」에서 빌려오다.

태양을 대하는 방법

햇빛이 강하게 내리쬐는 여름날 한강공원을 걷는다 한 무리 아주머니들 긴 팔에 장갑을 끼고 썬크림도 바르고 차양 부분이 긴 자외선차단 선바이저를 쓰고 있다 자외선을 완전히 차단하고 중무장을 하고 걷고 있다 저 속에는 얼마나 많은 병이 숨어있을까 당뇨, 고혈압, 심장병 의사에 떠밀려 저 한강공원을 걷는 저 여자들 모두 지병을 숨기고 있다 이제 중년이 되어 한 움큼씩 약을 삼키는 여자들은 저 운동이 보약이다 저 선바이저 속에는 내가 알 수 없는 수많은 병들이 숨어 있다 걸쭉해진 피를 돌릴 수 없어 그들은 걷고 걷는다

에너지 충전소

광진 노래교실에 육순 칠순이 모였습니다 모두 휴대폰 컬러링을 트롯트 '뿐이고'로 바꾸었지만 나는 '뿐이고'는 아니었습니다 '잘나가는 여자'를 부르면 잘나가는 여자가 됩니다 남편과 시어머니와 시누이에게 하지 못한 말이 모두 소리가 되어 나옵니다 애절한 곡은 목이 아닌 가슴에서 나옵니다 음치 박치 몸치인 나를 칠순 짝꿍이 슬쩍 거들어 줍니다 이곳에 들어오면 바깥세상을 모두 잊어버립니다 라디오에서 만난 홍진영을 다시 이곳에서 만납니다 광진노래교실은 모두 십년이 젊어져서 나옵니다

kiosk

Home Plus에 키오스크*가 들어왔다
카운터에서 직접 주문하고
여러 번 버튼을 누르고 카드를 넣으니
기계음이 나온다

"시간초과입니다"

뜸한 시간이 아니라
기계 뒤로는 줄선 손님도 여러 명 있다
주인은 주방에서 정신이 없어 보인다

기계 못 만지면 밥도 못 먹는 시대
KFC, 롯데리아, 맥도날드, 공항터미널, 카페,
영화관, 패스트푸드 점에도…
주문을 받는 상냥한 종업원은 없다
70%이상 설치된 키오스크

4차 산업혁명이 우리에게 가져다 줄 변화를 예측해 본다

노인을 위한 나라는 없다*

*키오스크 : 무인단말기
*코언형제의 영화제목, 노벨문학상을 받은 아일랜드시인 예이츠의 시다

타워

한가위 자정
아파트 거실에서 바라보니
555미터
롯데월드타워 꼭대기에
보름달이 떴다
손만 내밀면 닿을 듯

달이 참 밝다
보여주고 싶어
잠자는 아이를 깨워 창가로 부른다

탑에 걸린 달은 아무리 불러도 내려오지 못한다

행복할 때

봄에 연초록을 볼 때
마음에 맞는 시를 만났을 때
아이들이 음식을 맛있게 먹어줄 때
맘에 맞는 사람과 여행을 할 때
열심히 일을 하고 손을 씻을 때
찬물 한 잔에도 아! 감탄사를 내놓을 때
하늘의 흰 구름에게 손을 흔들어줄 때
종이 위에 사랑하는 어머니라고 적어볼 때
어린 날에 좋아했던 동요를 불러볼 때

꽉 채워진 느낌, 든든한 느낌
아이의 웃음에서 온다
손녀에게서 온다
기도에서 온다

네 덕 내 탓

도반道伴이 부채에 써준
'네 덕 내 탓'이라는 네 글자
거실 소파 뒤에 붙어 있다

다툴 일이 있으면
남편이 은근히 나에게 전달하는 메시지

구순하지도 슬겁지도 못한 나는 자주 다투게 된다
그럴 때마다 남편은
당신은 아무 잘못 없습니다
다 당신 덕입니다

언뜻 보면 내 탓이오 같은데
어딘가 이상하다

내 잘못입니다
그 한 마디가
가장 하기 어려운 말이다

그런 사람
-박목월의 '이런 시詩'를 패러디하다

슬며시 다가와서
나의 어깨를 툭 치며 아는 체 하는
그런 사람

가끔 가슴을
찡 울리며 감동을 전해 주는
그런 사람

투박하고 어수룩하고
은근하면서 슬기로운
그런 사람

생각하면
그냥 기분이 좋아지는
그런 사람

보기만 해도 시름을 잊게 하고
힘이 나게 하는
그런 사람

내가 찾는
그런 사람이 되고 싶은 날

가짜 버스 정류장*

버스정류장에 앉아 기다린다
표지판과 운행시간표도 있지만
버스는 오지 않는 가짜 버스 정류장
무엇인가를 하염없이 기다리는 그녀
자신마저 잊어버리고 기다린다

1950년대 벽에 걸린 액자 속 빛바랜 흑백사진들
그녀의 마음에 자리 잡고 있는 것일까
추억의 뽕짝 노래 속에
다시는 돌아갈 수 없는 시간의 무게가
흔적으로 내려앉아 있는 걸까

기억할 것도 새길 것도 많은 세상이지만
아픈 추억 행복한 추억
애써 기억하고 싶지 않아
더 이상 기억을 하지 않는 것일까

그녀는 왜 기다리는지도 모르면서 기다린다

*영국 동남부 에식스의 사우스엔드 대학병원응급실에서
치매환자를 위해 꾸민 가짜 버스 정류장

국민연금

요즘 신문이나 방송에서
국민연금에 대한 이야기가 연일 이어진다
2054년이면 기금이 고갈된다느니
보험료율을 올려야 한다느니

인간의 평균수명은 갈수록 늘어나는데
일을 할 수 있는 정년은 점점 짧아진다
이제는 일할 수 있는 50년 동안
남은 50년을 대비해야 하는데
그나마 국민연금제도마저 허점이 많다

남편도 애인도 없는 30대 후반의 그녀는
연금을 넣지 않아
때때로 불안해진다
어쩌면 청춘의 자신이 아닌
힘없이 외로운 자신과
이대로 나이를 먹으면 어떻게 될까, 하고

자신의 앞날을 대비하는 일이 꼭 삶의 방편뿐이겠는가
멀리 있는 미래가 불안하다

막내딸의 독립선언

화창한 봄날
어, 이거 뭔 일이야
가슴이 철렁했다
뭐 내가 잘못했나
덜컥 겁도 났다

오래전 딸 명의로 장만해 놓은
조그마한 아파트 집문서를
거의 빼앗기다시피 했다

애인도 없는 30대 중반의 딸
이대로 결혼하지 않아도 괜찮을까
변하지 않으면 행복해질 수 없는 걸까

그렇게 다정하던 그녀가
마침내 떠났을 때
안타까이 지난 사랑을 뒤돌아본다

가장 가까운 엄마마저 무심하여
그걸 좀 알아채라고
독립선언을 한 날

딸은 해방을 맞아 만세를 부르며 떠나갔다

제 4 부

지구달력

지구가 생겨난 이래 46억년 역사를
일 년으로 계산한 달력이 있다

지구의 생일을 1월 1일로 보았을 때
대지가 만들어진 것은 2월 초순
바다가 생긴 것은 2월 중순이다

1억 6천만년에 생존했던 공룡은
세상에 태어나서 사라지기까지
불과 2주라는 기간이다

인류가 지구 달력에 등장하는 것은
한해가 다 저물어 가는
12월 31일 23시 55분이다

일 년이라는 긴 시간 속에서
단지 5분의 시간을 살고 있는 사람들

사람만이 크고 대단한 존재라는 것도
세상의 전부인 것도 아니다

간격

바닷가 식당 지붕에 새들이 앉아 있다
갈매기 비둘기 수십 마리
일직선으로 앉아 휴식을 취하고 있다
그들이 앉은 간격이
몸의 크기와 정확하게 비례하고 있다
약속인 듯 일정한 간격이다

자유로를 달려오는데
새들 한 무리가 지나가고 있다
그 넓은 하늘 길에서 새들은
일정한 간격을 유지하고 있다
저 간격은 사랑이다

모하비 사막에 조슈아 나무도
저들끼리
일정한 간격을 유지하고 있었다

나는 여름이 어디로 가는지 알아*

비非 여행
올여름엔 지독히 더워서
사람이 너무 많아서
일정이 맞지 않아서
코로나가 무서워서

방에 틀어박힌
'방콕' 여행자
'비非 여행자로 살아볼까

상상으로 여행을 떠난다

남아프리카의 요하네스버그
프랑스 파리의 몽마르트르
독일의 로만틱 스트라세
헝가리 부다페스트
향유고래가 많이 모이는 카우와이 섬
모든 집과 건물이 절벽 위 아슬아슬하고도 아늑하게 자리하고
지구에서 가장 뜨거운 햇살, 신이 사랑한 섬
인류가 처음 발견된 곳 그리스의 산토리니

카이로와 룩소르 등을 둘러보는 나일강 크루즈

특별한 휴양지를 찾아
비행기에 오르지 못할 때
꼬박꼬박 삼시세끼 짓는
부엌이 지옥처럼 보일 때

나는 여름이 어디로 가는지 알고 있다

*벨 & 세바스찬의 노래 "I Know Where The Summer Goes"에서 따옴.

그 여름, 우연한 산책의 냄새

　살아 있는 모든 존재와 장소에는 냄새가 있다

　인간은 매일 평균 2천3백회 가량 호흡하고
12㎥의 공기를 마셨다가 내뱉는다
　그때 체취도 묻어나온다

　어느 해 7월
　시詩를 배워 보겠다고
　길을 잘못 들어서 역삼동 국기원 근처의 주택가를
배회한 적이 있다
　골목골목 헤매다 보니 이런저런 냄새가 콧속으로
스며들었다

　구수한 된장찌개 냄새
　음식물쓰레기의 역한 냄새
　어느 집 정원의 만리향 쥐똥나무 향기
　퀴퀴한 고서 냄새 등
　우연한 걸음이 산책의 냄새를 안겨주었다

　마스크를 쓰고 사회적 거리두기를 하고
　올림픽공원을 걷는다
　아름다운 가을 단풍이 물들고 있지만
　가을 냄새가 나를 피해 달아난다

곳에 따라

전국적으로 가을비 소식
일기 예보할 때 가만히 들어보면
전국적으로 흐린데
곳에 따라 소나기가 내리겠습니다

어린 시절에
곳에 따라, 가
어떤 도시 이름인 줄 알았다
왜 매번 곳에 따라, 에만 비가 내릴까
거기 한번 가보고 싶다, 라고

오늘도 역시 곳에 따라 비가 내린다고
일기예보는 말하고 있다

무슨 좋은 일이 있으려고

무슨 좋은 일이 있으려고
꽃들이 활짝 피었을까요
아니,
꽃들이 피어난 일이 좋은 일

평범하고 소박한 세상의 일도 정말 좋은 일
매화 산수유 개나리 진달래 벚꽃이 피어
봄이 오는 것도 좋은 일
적당한 바람이 불어도 좋은 일
하루하루
해가 지고 노을에 물드는 일도 좋은 일

마스크를 벗으며
무슨 좋은 일이 있으려고
꽃이 피나
꽃에게 묻습니다

바이러스가 와도 꽃은 활짝 웃습니다
티 없이 웃는 꽃을
코로나도 피해갑니다

사랑

좋은 것만 퍼주고 싶다
호주머니 속에 따뜻하게 데운 것을 넣어주고 싶다
그 마음 오래 식지 않도록
그 온기에 언 손을 녹일 수 있도록

내가 정한 사랑의 기준은
믿음
그리움
알아차림이다

그냥 하는 게다
아무것도 바라지 않고

옅은 미소 같이
바라볼수록 좋은 것이다

마인드 바이러스

사람들의 생각과 행동에 영향을 미치는
마인드 바이러스

소식을 듣자 대구로 달려간 신혼 1년차 간호사
잠들 곳이 없어 장례식장에서 잠든다는 엄마와 딸 간호사
따뜻한 더치커피를 캔에 담아 전달하는 손길
이마에 깊이 팬 고글 자국 위에 밴드를 붙이며 싱긋 웃는 웃음
착한 건물주 운동
택배 기사에게 어렵게 구한 마스크를 건네주는 분들
맘 카페엔 배송맨 응원, 의료진 기부 릴레이
도시락 문구
"당장 내일이 힘든 자영업자이지만, 오늘 더 힘든 당신을 응원합니다."
"단디 힘내라 대구!"
"온 국민이 당신을 지지하고 응원합니다."

곳곳에 좋은 바이러스가 번져가는
아름다운 사람 꽃이 피는
대한민국은
살 만한 나라이다

마음에도 경화가 있다

내가 살아 있음에
오늘도 해가 뜬다
눈을 뜨니
아침이 내 머리맡에 와 웃고 있다

철따라 향기로운 꽃향기
햇살 한 줌 바람 한 움큼
풀잎 하나 꽃잎 하나
사소한 일에도
마음에 잔잔한 파문이 번진다

동맥경화처럼
마음에 일어나는 심心경화도 있다
마음이 굳어 버리면 아무것도 느낄 수 없으니
마음을 말랑말랑하게 간직해야 한다

관심이 없으면
마음도 동맥이 굳듯이 굳는다
세상 모든 것에 관심을 가지면
매순간
기쁨이 차오른다

껴안다

혼잡한 거리에서도 목소리를 알 수 있게
진동으로 맞춘 내 핸드폰
나와 같은 체온을 갖고 있다
때맞춰 부르르 진저리 치는 목소리도
36.5°

사람의 체온 36.5°
일 년은 365일
사람의 체온 열이 모이면 일 년과 같은데

핸드폰을 잃어버리니
내 체온도 떨어지고
기분도 싸늘하다

내 품을 놓친
핸드폰은 어디에서 울고 있을까

고추잠자리

한강잠실공원
고추잠자리 떼
어디서 몰려왔나 새까맣다
오후 일곱 시를 날개에 싣고
저공비행을 한다

얼마 후 소낙비 쏟아져
허공이 흠뻑 젖었다
어디로 갔을까
순식간에 허공이 텅 비었다

여름이 힘센 황소처럼 버티어도
고추잠자리가 날갯짓을 한 번 할 때마다
가을은 그렇게
더 가까워진다

아침저녁으로 바라보는 하늘과
바람이 다르다

가을의 발소리가 들린다

지칼

편지를 뜯는 지칼을 선물 받았다
편지를 쓰는 사람이 드물어
너나없이 전화로 얘기를 하거나
카카오톡이나 이메일을 주고받는 요즘
그 칼을 사용해 볼 기회가 없다

영화의 한 장면처럼 우아하게
그 칼로 편지를 개봉해 보고 싶은데
언제나 그 칼을 사용해 볼 수 있을까

그 칼을 선물로 준 사람의 마음이 더 깊다면
덤으로 편지 한 통쯤 보내올지도 모르겠다
아마도 그 편지가 도착한다면
그 사람은 지금보다 백배쯤 더 행복해질지 모른다

나도 곱절은 행복해질 것이다

5월이 오면

한 사람만을 위한
손편지를 써 본 지 오래되었다
하고 싶은 말이 있으면
곧바로 전화 걸거나 바쁠까 싶어 문자를 보낸다
생각이 여물고 발효할 시간
깊은 그리움을 품을 틈이 없다

백지 한 장 펼치고
가장 아끼는 볼펜으로
서문을 띄워 본다
한 자 한 자 마음의 무게를 실을 때
키보드나 스마트폰을 터치하는 느낌과는 다르다
받는 이에 대한 애정이 무한대로 커진다

5월이 오면
초록 편지지에
푸르디푸른 손편지를 써야겠다

별님에게

별님! 안녕하세요?

돌아보면 언제나 회한이 남는 것이 시간입니다 올 한 해도 역시 부족하고 옹졸하게 마음 쓴 순간들이 많았습니다 하얗게 참회하고 싶은 그런 시간입니다

"께름칙한 일을 할 때마다 양심에 찔리는 것은 별이 뾰족한 끝으로 콕콕 찌르기 때문이래요."*

저는 양심에 콕콕 찔리는 게 전혀 없어요 별 끝이 무디어졌나봐요 양심적인 사람은 작은 일에도 부끄러워하지만 나쁜 짓에도 가책을 느끼지 않습니다 그까짓 거 어때, 뭐 그럴 수도 있지, 이렇게 넘어갑니다 자세도 비뚤어져 척추에 디스크가 생겼습니다 별님! 부디 제게 새별을 하나 보내주세요 새별을 받아야 새롭게 시작할 수 있을 텐데 내 안에는 죽비처럼 마음을 깨워 줄 별이 없습니다 험한 세월에 깎이고 흐려져도 언제고 돌아갈 마음의 별 하나 품고 싶습니다

*송희의 「별장관에게 보냄」에서 빌려오다.

삶은 일일드라마

소소한 일상의 재료들
화려하지 않고
극적인 일탈이나
불타는 정열과도 거리가 멀지만

해변에 누워 하늘을 보거나
해돋이를 보거나
산책과 목욕을 즐기고
새 신발을 신어 보고
모자를 써 보고
장미 향기를 맡는다

새끼고양이를 안고
고래의 아름다운 사랑노래를 듣는

사소한 일상이 하루하루 드라마이다

부뚜막

아련한 옛 기억 저편으로 아궁이 앞에서 연기를 마시며 불이 꺼질까 노심초사하는 어머니가 보인다.

자욱한 연기 속에 잔뜩 미간을 찌푸렸지만, 아궁이에서 구운밤이나 감자를 소쿠리에 담아 들고 자식들 옹기종기 모인 안방으로 들어오실 때면 얼굴에 화색이 돌았다.

어머니는 부엌바닥에 쪼그려 앉아 가마솥에서 밥을 푸고, 국을 뜨며 "아이고, 허리야." 고통을 호소했다. 때로는 단단한 두 주먹으로 애꿎은 허리를 두드리기도 했다.

요즘 내 허리도 어머니를 닮았다.

고봉밥

화양읍 교동 시골 친척집
밥상에 고봉밥이 놓였다
"어서 먹게나, 산간벽지라 밥밖에 대접할 게 없네."
시고모님의 말
고봉밥이 놓인 밥상을 언제 받아 보았는지
가슴이 뭉클하다

제사를 지낼 때도
고봉밥 위에 숟가락을 꽂고 절을 올리며
산 자와 죽은 자가 마음으로 만난다
망자亡者에게 올리는 최상의 정성이다

머슴에게도 고봉밥을 주었다
많이 먹고 기운을 내라는 응원이 들어있다

하얀 밥그릇에 산처럼 솟은
고봉밥의 곡선은 두 손으로 받든 탑 같다
밥으로 쌓아올린 사랑탑이다

빨래판

서양화가 L씨
빨래판에 빨래를 하듯 그림을 그렸다

울퉁불퉁한 빨래판을 보니
어머니가 쓰시던 빨래판이 떠오른다

두꺼운 무명솜바지 홑청 이불
비비고 치대고 방망이로 내려칠 때
감정의 찌꺼기까지 말끔히 빨아 준 빨래판

빨랫감을 이고 동다리 냇가로 가서
방망이질로 시름을 풀었을 어머니
하얀 빨랫감이
햇빛에 말라가던 기억이 아직 눈부시다

이제 빨래터는 사라지고
방망이 소리도 말랐다

늙은 어머니의 갈비뼈 같은 굴곡을 쓰다듬어 본다
어머니가 누워 있다

홍어와 간자미

가오리 새끼 간자미
막걸리에 씻어 회 무침이나
찜으로 먹으면 맛이 그만이다
노량진 수산시장에서 간자미를 사는데
"불알 달린 놈 말고 암놈으로 하세요."
그리고 아주머니는
꼬리가 곱게 뻗어 있는 암컷과
기다란 생식기가 둘 달린 수컷을 구별하는
방법을 가르쳐 줬다
홍어도 암놈이 더 비싸고 육질이 차지다
간자미도 마찬가지라는 것을 그때 처음 알았다

같은 종족이라도 몸값이 훨씬 비싼 홍어
폭 삭힌 홍어는 아리고 싸하다
코도 맵고 눈도 맵다
잘 삭힌 홍어가 제대로의 맛을 낸다

어시장 좌판
큼직한 날개를 펼치고 납작 엎드린 가오리

제삿밥

제사를 마치고 음복(飮福)*을 한다
들기름에 볶은 고사리와 도라지 콩나물 무나물
시금치와 숙주나물
커다란 그릇에 각종 나물을 넣고 한데 섞어 비며 먹는 비빔밥
그 버무림 속에는 무엇이 들어 있을까
정성이 담긴 손맛일까
장만하는 동안 일심으로 외운 주문 덕일까
아니면 조상님이 흠향하신 덕일까
뭇국에서 향내가 난다
별미인 그 맛을 잊지 못한다

안동 고향에 내려가 먹어보는 헛제삿밥
제사상에 오르는 갖가지 나물과 산적 탕과 따끈한 밥이 주 메뉴인 헛제삿밥이지만 맛이 안 난다 왜 그럴까

어린 시절에는 제사를 자정에 지냈다 졸린 눈을 어쩌지 못해 깜빡 잠이 들곤 했다 제사음식을 차리는 어머니의 고단함을 그때는 몰랐다

나이가 들고 보니

아들은 제사를 지내지 말라고 권하고

딸들은 간소하게 하라고 말한다

우리 세대에서 끝나 버릴지도 모르는 풍습이다

제삿밥 또 한 그릇 먹는다

*음복 : 조상과 신의 복을 먹고 마신다는 의미.

개구리의 구애

초여름 밤
석촌 호수를 걷는다
동호수변 앞쪽 배수로에서 개구리 울음소리가 들린다
몇 년 만에 들어 보는 소리인가

어릴 적 텃논에서 시끄럽게 울어대던 개구리 소리
들판의 소리꾼들 합창이 요란스러웠다
유월 초순 이때쯤이면
개구리 울음이 논두렁을 기어올랐다
황소개구리 금개구리 청개구리…
모두 그 울음이 간절했다

짝을 찾지 못한 암 개구리 숫 개구리들이 많다
도시의 개구리들은
결혼정보센터로
짝을 찾으러 들어간다

구석

가끔 음식점에 가면 구석에 앉는다
구석에 앉으면 방안이 훨씬 넓어 보인다

내가 조금 비켜 앉으면
다른 사람들과 더 많이 나눌 수 있다

구석에 앉아
마음도 비워두면
다른 이의 마음이 들어와 쉴 수 있다

방구석 집구석 촌구석
얕보듯 하찮게 여기는 그곳엔
어머니라는 믿는 구석이 있었다

겨울의 맛

머리를 맑게 해 주는 코끝 쩡한 추위와
밤새 소리 없이 사락사락 내린 눈이 동화 속의 풍경을 만든다
추위에 한껏 움츠러든 몸으로 돌아와
뜨끈한 이불속에 발을 묻는 것도
겨울이 주는 행복이다

밤의 꼬리가 늘어나
일찍 해가 떨어지는 겨울밤
일찌감치 저녁을 먹고 슬슬 출출해질 때
동지팥죽과 동치미의 찰떡궁합
김장김치 한 포기 꺼내 쭉쭉 찢어 고구마 호호 불며 먹는 맛
달착지근 혀에 감기는 연한 곶감의 속살 맛
도토리묵, 구수한 군밤
뜨끈한 아랫목에서 먹던 겨울밤의 소소한 별미들

추울수록 달콤한 겨울 맛이 진국이다

이것도 웰빙

참살이*의 영향으로
자연에서 건강을 찾는다

소금 중에서도 살아 있는 소금이라는 자염
살아있는 갯벌에서만 나온다
바닷물은 달의 주기에 따라서
조수간만의 차를 만들고
그 조수간만의 차가 가장 큰 사리와
가장 작은 조금을 반복하면서 들고 난다

이 조금 기간에도 물이 아예 들지 않아
펄이 말라 있는 날이 예니레 지속되고
건조함이 극에 달했을 때
자영결정체는 탄생한다

살아가는 순간순간
갈증의 극한까지 가보았을 때
삶을 이겨내는 결정체, 희망의 근육이 생기듯이

*참살이: 새로운 우리말, 외국어 well-being을
순우리말로 바꾼 낱말.

평설

깊게 파기 위해 넓게 파기

−김민자 제3시집 『왜 레몬이란 단어를
읽으면 침이 고일까』에 대해서

마경덕(시인)

　지면紙面은 "인식을 설치하는 공간"이며 "타자의 시선이 마주치는 장소"이다. 인식의 전환을 거쳐 태어난 한 편의 작품 속에는 파지처럼 쌓인 "실패의 시간"이 들어 있다. 독자는 냉정한 비평가여서 시를 마주한 시인의 자세는 진지하고 각별해진다.

　「칼의 노래」의 저자인 김훈은 "문장을 칼처럼 만들고 싶었다. 칼과 닮은 문장을 쓰고 싶었다"고 고백했다. 「칼의 노래」에서 필자가 만난 문장은 잘 벼린 칼날이었다.

　"임진년에 나는 농사를 짓듯이, 고기를 잡듯이, 적을 죽였다. 적들은 밀물 때면 들이닥치는 파도와도 같았다"라는 대목에서 소름이 돋았다. 적선敵船이 벌통처럼 깨어질 때 물 위로 와르르 쏟아지는 적병들을 물고기 잡듯이 죽여야 했던 이순신은 "나는 죽음을 죽음으로써 각오할 수는 없었다. 나는 각오되지 않는 죽음이 두려웠다"라고 고백했다. 그는 용맹한 장군이기 이전에 한 사람의 인간이었다. '죽음'은 "죽으리라"는 각오 앞에서만 가능한 일이었다.

　이처럼 시인에게도 어떤 '의미'를 추출해 낼 좋은 문장을 얻기 위해서는 물러서지 않겠다는 각오가 필요하다. 지금도 탈출을 기다리는 문장이 내 몸 어딘가에 갇혀 있을 것이다.

　먼저 시인의 역할에 대해 언급해 보자. 우리가 공유하는 기억들이 현실과 어떤 접점에서 만나게 될까. 존재하는 것들의 존재조차 의식하지 못하고 살아가는 대부분의 사람들에게 사물의 내면에 잠재된 미시적인 요소들을 발견해 그것들의 '존재가치'를 증언하는 일일 것이다.

　김민자 시인의 서정적인 시편들은 사라져가는 풍경의 이면裏面을 유심히 감각하며 드러나지 않는 존재들과의 "잠재적 관계"를 기록한다. 한층 깊어진 연륜으로 주변을 인식하고 해석하는 방식은 긍정적이고 따뜻하다. 이것은 타인을 배려하고 나와 대척점에 있는 것들을 이해하는 태도에서 비롯된다. 기억의 지층에 묻어둔 아득한 그리움과 합류하며 대상을 체험하고 성찰할 때 삶의 비의悲意가 드러나고 문장은 힘을 얻는다.

　탈레스가 "물질적으로 풍요한 삶을 추구하기보다는 세계의 근원을 탐색하려는 관심"에 우선적인 가치를 부여했듯이 '개인의 가치관'보다는 '사회적 가치관'을 중시한 제3시집은 스피노자의 말처럼 "깊게 파기 위해 넓게 파기"를 시도해 "내면의 파동"을 이끌어낸다. 시 전면全面에 끊임없이 번져가는 출렁임은 작품에 활기를 불어넣는 '에너지'로 전환되어 시적 긴장감을 높이고 있다.

　구름을 업데이트한다
　목화솜 같은 구름에서 다래 맛이 난다 구름 위에 앉으면 얼마나 포근할까
　휴대가방을 펼치니 순식간에 방이 하나 나타난다
　구름방에 앉아 책을 읽고 차茶를 마신다

　남편을 업데이트한다
　가계부를 써가며 알뜰살뜰 살림을 하도록 한다 요리 청소까지 그에게 떠넘긴다

　오늘의 식단을 업데이트한다
　숟가락을 포크로 젓가락을 나이프로 밥그릇을 접시로 업데이트한다

　패션을 업투데이트up-to-date한다
　멀쩡한 청바지에 구멍을 내고 긴 치마의 길이를 자른다

　시간이 업데이트한 나이를 다운시킨다
　40세는 28세로 70세는 49세로 90세는 63세로 다운시킨다
　－「update」 전문

　'가상현실'에서 일상을 보내는 사람들이 늘고 있다. 일반인들도 자신의 인스타그램을 통해 사생활을 공개하며 대중

과 소통을 한다. 무의식이 가상의 현실로 진입하듯이 "존재하지만" "존재하지 않는" 현실과 비현실의 모호한 경계를 오가며 하루를 소일한다. 이제 대중은 사이버 공간에서 활동하는 '누리꾼'이나 '네티즌'이란 단어에 익숙해졌다.

가상의 세계를 현실감 있게 표현한 업데이트^{update}는 기존의 낡은 것을 최신 정보로 바꾸고 현재의 상황을 최적의 환경에 맞도록 교체한다. 가상의 세계에서 시인은 자신만의 휴식 공간인 방 하나를 찾아 차를 마시고 책도 읽는다. 남편에게 살림을 떠맡기고 간편한 메뉴로 식단도 변경한다. 젊은 층이 선호하는 최신유행으로 패션을 바꾸고 시간을 거슬러서 나이마저 다운시킨다. 참으로 즐거운 상상이다.

시인이 '업데이트'해야 할 것들은 현재의 지점에서 전통과 관습을 지키며 살아가는 완고한 것들이다. 부모 봉양, 살림과 육아에 지쳐 책 한번 들여다보지 못한 고단한 시간이 '업데이트' 속에 들어 있다.

누군가 신이 만든 자연을 "무질서하지만 완벽한 형태"라고 말했듯이 시인은 밥그릇을 접시로, 젓가락은 나이프로 바꾸며 무작위로 현실을 '업데이트'한다. 그릇이 달라진다는 것은 식성이나 조리방법에 혁신을 일으키는 일, 기존의 식습관이나 생활 태도를 확 뒤엎는 것이니 가히 혁명이라고 할 수 있다. 힘겨운 가계^{家計}를 내려놓고 가족에게 헌신한 시간을 이제부터 자신을 위해 쓰겠다는 것이다. 가부장적 사회의 희생양인 여성들에게 이보다 "완벽한 질서"가 또 있을까.

시인 사무엘 울만은 「청춘(Youth)」이란 시에서 "인생은 나이로 늙는 것이 아니라 이상理想의 결핍으로 늙는다"고 하였다. 청춘이란 인생의 어떤 기간이 아니라 "마음의 상태"이며 열정을 잃으면 영혼에 주름이 진다는 것이니 김민자 시인의 '업데이트'된 의식은 아직 청춘이다.

무엇보다 놀라운 일은 가상의 세계에서 일어나는 허구들이 점점 실제가 되어간다는 것이다. 식단도 식성도 서구화되고 각자의 개성을 중시하는 시대여서 상식을 뛰어넘는 자유분방한 패션들이 거리를 활보한다. 맞벌이 시대가 오고 가사도 각각 분담한다. 최첨단의 의술로 젊음도 되돌릴 수 있다. 감히 상상도 할 수 없던 일들이 현실이 되어간다. 말 그대로 의식과 생활의 '업데이트'인 것이다. '업데이트'는 빠르게 변해가는 시대의 단면을 해학을 통해 리얼하게 보여주는 작품이다. 시대는 빠르게 진화하고 있지만 여전히 답보 상태인 것들도 있다. 「종이컵」에서 보여주는 현시대의 현상에 주목해 보자.

> 방금까지 내 체온을 껴안던 종이컵이
> 휴지처럼 버려진다
> 길바닥에 버려진 종이컵을 보며 생각한다
>
> 한때는 그곳이 얼마나 치열한 곳이었는지
> 월급은 그저 통장을 스쳐가는 것이고
> 주머니 사정은 늘 얄팍했다
> 아등바등 시간과 돈에 쫓기며 살아가는 일상

그야말로 먹고 살기 위해 곤죽이 되도록 일했지만
IMF에 밀려 나왔다
그때 고단한 내 마음을 다독여준 건 바람이었을까

쭈글쭈글 구겨져
버려진 컵

무심히 흘러가는 강물만 하염없이 바라보던 그때가 보인다
─「종이컵」 전문

  뜨거운 커피를 온몸으로 받아내던 종이컵, 누군가의 시름을 달래 주고 잠시 호흡을 나누던 종이컵은 고온으로 방수코팅이 벗겨지고 환경호르몬에 노출되지 않도록 제작된 일회용컵이다. 버려지는 종이컵 역시 정규직이 아닌 비정규직이다. 비정규직은 일용직이기에 고용의 지속성을 보장받지 못한다.
  시적 화자인 시인도 먹고 살기 위해 몸이 곤죽이 되도록 일했던 때가 있었다. "한때는 그곳이 얼마나 치열한 곳이었는지/ 월급은 그저 통장을 스쳐가는 것이고/ 주머니 사정은 늘 얄팍했다"라고 한다. "몸이 곤죽이 되도록 일했던" 기간은 살기 위해 상처와 반목하지 않고 고통을 견뎌낸 과정이다.
  IMF 경제위기 이후 가장 논란이 된 노동문제 중 하나는 비정규직 문제일 것이다. 과로한 업무, 열악한 대우, 대물림되는 가난, 불안정한 고용. 정규직과의 임금 격차, 노

사勞使의 갈등… 김민자 시인은 사회전반에서 벌어지는 문제점을 일회용 컵 하나에 담아두었다. 시적 화자와 동일선상에서 '종이컵'이 암시하는 암묵적 동의는 무엇일까? '일회용' 종이컵과 '일용직'의 공통점은 "버려지고 사라지는" 것이다. 월급은 잠시 통장에 머물다가 사라져 버린 숫자에 불과했고 온 힘을 다 바쳤던 직장은 냉정하게 등을 떠밀었다.

「종이컵」은 지속이 불가능한, 함부로 버려지는, 쉽게 잊히는, 가벼운 존재들의 문제점을 드러낸 작품이다. 무심히 흘러가는 강물만 하염없이 바라보며 막막한 미래를 걱정하던 그 손에 자판기에서 뽑은 커피 한 잔이 들려 있었다. 기업의 "사회적 책임"과 "편중된 사회적 구조"에 접근하고 있는 종이컵은 삶의 비의悲意와 결핍을 통해 자신에게 배당된 개인의 불행을 넘어 사회 도처에 산재한 문제점을 지적하고 있다.

마늘, 식초, 계피, 라벤더처럼 냄새가 강한 단어
바늘, 구름, 막대기 등 냄새가 약한 단어를 읽으면
그 향을 맡을 때와 꼭 같은 뇌 부위가 활성화된다

레몬을 떠올리는 순간 우리 입에는 침이 고인다
풋살구와 매실을 떠올려도 흥건히 혀가 젖는다
나무늘보, 하면 내 걸음이 느려지듯이

골프선수들 퍼팅자세를 상상하며 연습하는 이미지 트레이닝

마지막 순간 버저비터가 승리를 결정할 때
드라이버를 집어들 때
자동차에 올라탈 때
공을 찬다, 라는 문장을 읽을 때
소설이나 영화를 볼 때

그대로 상상으로 바뀌는
상상의 힘으로

레몬을 읽으며 갈증을 덜어낸다
─「왜 레몬이란 단어를 읽으면 침이 고일까」 전문

"아는 맛이 무섭다"고 한다. 냄새만 맡아도 알 수 있는 맛, 그 맛을 상상하는 순간, 식욕이 폭발한다. 맛있는 음식 앞에서 침을 흘리는 것은 과거의 기억이 대뇌작용을 일으키는 '조건반사'이다.

'파블로프'는 개에게 먹이를 줄 때마다 종을 치는 실험을 했다. 어느 날은 먹이는 주지 않고 종만 쳤는데, 개가 침을 흘리는 것을 볼 수 있었다. 종소리와 맞춰 나오는 먹이에 개의 몸이 길들여진 것이다.

이와 비슷한 일화가 있다. 프랑스 군대가 알프스를 넘고 있을 때 기진맥진한 부하들의 사기士氣를 위해 나폴레옹은 묘책을 생각해낸다. "조금만 더 가면 살구나무 나온다"고 외친 것이다. 그 소리에 다 같이 힘내서 알프스를 건넜다고 한다. 시디신 살구를 생각만 해도 침이 고이고 갈증은 사라졌을 것이다.

시인 역시 '레몬'을 읽으며 갈증을 덜어낸다. "마늘, 식초, 계피, 라벤더처럼 냄새가 강한 단어/ 바늘, 구름, 막대기 등 냄새가 약한 단어를 읽으면/ 그 향을 맡을 때와 꼭 같은 뇌 부위가 활성화된다"고 한다.

생각만으로 뇌가 작동한다. 상상의 힘이다. 골프 선수들 퍼팅 자세를 상상하며 연습하는 이미지 트레이닝도 좋은 방법이다. 승리를 결정하는 마지막 '버저비터'가 터진다는 그 상상만으로 짜릿한 전율이 스쳐간다. 인간이 지닌 상상의 범주는 어디까지일까.

상상의 힘은, "사물의 본질에만 갇히거나 현실의 표면적인 상황에 굴복당하는 것을 막아주기에 현실의 한계를 넘고 새로운 그 무엇을 돌파해나가는 막강한 힘"을 가진다고 한다.

고 황현산 평론가는 "나에게 시는 말 저편의 말을 지금 이 시간의 말속으로 끌어당기는 계기이다"라고 했다. 김민자 시인은 말 '저편'의 말을 이편으로 끌어당기기 위해 적절하게 상상력을 사용하고 있다.

티베트 전설 속의 새 야명조夜鳴鳥
밤이 되면 히말라야산에서 몰아치는 눈보라와 세찬 바람에 사람의 집 처마에 몸을 의지한 채 울부짖는다.
"내일이면 반드시 집을 지으리."

날이 밝고 히말라야산 위로 해가 떠오르면 따사로운 햇살에 얼었던 몸이 풀리고 어제 저녁의 가혹한 추위와 고통도 잊어버린 새, 즐겁게 노래만 부르다가 평생 집을 짓지 않았다

매년 1월 1일에 세운 새해 결심 설날에 한 번 더 다짐을 했다 여름이 오고 한해가 반이나 흘렀지만 아직 반이 남았다고 방심하다가 10월을 지나 11월을 허탈하게 맞이하고 12월이 되면 한해가 다 갔다며 자책했다

작년에도 재작년에도 그렇게 일흔여덟 번을 보냈다 바쁘다는 핑계, 내일이 있다는 위안 때문에 나 또한 '내일이면 집을 지으리'라고 되뇌이며

「내일이면 집을 지으리」 전문

'작심삼일'이라는 고사성어가 있다. 새해가 오면 새로 등록한 회원으로 헬스클럽이 만원이다. 그러나 한 달, 두 달이 지나면 점점 회원이 빠져나가기 시작하고 시간이 흐를수록 빈 자리가 늘어난다. 계획과 열정, 결심을 다짐하던 그 첫마음은 어디로 가버렸을까. 지속적으로 고된 운동을 한다는 것은 끈기와 노력 없이는 불가능한 일이다. 한때 근사하게 식스팩을 만든 연예인들이 긴장이 풀어지고 운동을 멀리하면서 애써 만든 몸이 무너지고 이전의 평범한 몸으로 돌아오는 것을 종종 볼 수 있다. 예외인 소수도 있지만 다수의 사람들은 평생 긴장을 하며 살아가지 못한다.

티베트 전설 속의 새 야명조夜鳴鳥의 모습이 마치 나약한 인간을 닮았다. 밤과 낮의 다른 환경에 따라 행동이 달라진

다. 내일이면 반드시 집을 지으리라고 밤새 울부짖다가 날이 밝고 따사로운 햇살에 언 몸이 녹으면 간밤의 추위는 다 잊어버리고 노래만 부른다.

「내일이면 집을 지으리」는 내일이 없이 살아가는 사람들의 모습이다. 대부분의 사람들은 넘어지고 다시 일어서고 또 후회를 반복하며 평생을 살아간다. 치솟는 집값을 바라만 보다가 포기해 버린, 어쩌면 집 한 칸 없이 내일이 보이지 않는 막막한 동시대를 살아가는 우리들의 슬픔으로도 읽힌다.

내일은 "오늘이 있는" 사람에게만 해당되는 말이지만 오늘을 갖기 위해 열심히 일해도 "내일은 가질 수 없는" 현실 앞에 절망하기 쉽다. 주어진 시간 안에 우리가 이룰 수 있는 일을 얼마나 될까. 가질 수 없는 '부재'는 기다림을 소진시키며 희망을 돌려 세우지만 이 세상의 불행과 맞서 내성을 키우는 사람들로 또 세상은 돌아간다.

「내일이면 집을 지으리」는 "다양한 삶의 층위"를 기록해 인간의 나약한 속성을 조명한 작품이다. 「바보들은 항상 결심만 한다」에서도 이루지 못한 아쉬움이 잘 녹아 있다.

100년 인생이라 해도 2042년 이후는 내게 존재하지 않는 시간,
아침에 눈을 뜨니 2020년은 벌써 3백 62일이 지났고
3일 후면 365일로 이루어진 1년을 79번 이상 산 사람이 된다.

지구의 역사가 120억년

장구한 인류의 역사도 우주의 아름다운 먼지에 불과하다.
내 인생은 우주의 먼지에 묻은 먼지라도 될까.

살아 온 80년.
회색빛 시간 도둑의 말대로 시간을 계산한다면 한 시간은 3600초,
하루 24시간은 86,400초, 일 년은 31,536,000초
거기에 내 나이를 곱하면 엄청난 양의 초가 된다.

잠자고, 일하고, 먹는데 소비하는 시간, 집안일과 가족과 친구와 보내는 시간,
애완동물을 돌보는데 허비한 시간을 빼고 나면 '0'이 된다.

그렇게 시간을 도둑맞았다.
남은 20년.
쳇바퀴처럼 지나가는 하루하루에 7일을 주기로 돌아가는 일주일의 오늘.
어떤 특별함 없이 평범함을 유지할 때 일상은 특별해지지 않았을까.
평범이 비범이 되는 순간들이다

─「회색시간 도둑」 전문

독일의 청소년문학 작가 미카엘 엔데의 장편 동화 「모모」는 시간을 훔치는 도둑과, 그 도둑이 훔쳐 간 시간을 찾아 주는 한 소녀에 대한 이야기이다.

평화로운 마을에 온몸을 회색으로 칠한 시간 도둑 일당이 나타나 마을 사람들을 꾀어 시간을 절약해서 저금하게 만들지만 회색도둑이 절약한 시간을 훔쳐가 시간은 쌓이지 않는다. 이 회색도둑들은 "자본주의의 샐러리맨"을 칭하는 상징적 존재들이다. 현대인들은 남보다 더 많은 걸 이루기 위해, 더 많은 걸 가지기 위해 쉴 새 없이 질주한다.

하루 네 시간만 잠자고 공부하면 대학 입학에 성공하고 다섯 시간 이상 잠자면 대학 입학에 실패함을 이르는 '사당오락四當五落'이라는 말도 있다.

대구가톨릭대 이득재 노문학 교수는 "우리가 시간을 아껴 땀 흘려 모은 것들은 통장에 쌓일 새도 없이 욕망의 시간으로 변해 버린다. 절약한 시간은 과외를 받고 학원에 다니는 데 낭비하는 시간으로 둔갑되어 사회적인 신분 상승에 소모되게 된다"고 하였다.

세계에서 가장 노동시간이 길다는 한국 근로자들, 개인의 시간을 빼앗기 위해 자본주의는 효율성을 맹목적으로 추구하고 시간의 효율성을 강조한다. 한신대 사회학 김종엽 교수는 자본이란 "살아있는 시간"을 통해 축적된 "죽은 시간"에 지나지 않는다고 말한다. 진정한 삶은 우리의 경험과 꿈과 활동과 기억으로 채워져 있는 충만한 것이고, 또 그것을 충만하게 하는 것이 우리가 해야 할 일이 아니냐고 질문을 던진다.

현대에도 회색 인간에게 속아서 사랑하는 사람, 부모나 형제, 친구를 찾아갈 시간도 없이 나의 시간은 대부분 자본가들의 막대한 재산을 형성하는 데 쓰이고 있다. 미카엘 엔데의 「모모」는 "미래를 위해 현재를 상실해 버리는" 현대의 지배적인 시간과 삶의 태도에 의문을 제기하고 우리가 절약한 시간은 '돈'이 아니라 '삶' 자체인 것을 깨닫게 해준다. 김민자 시인도 "어떤 특별함 없이 평범함을 유지할 때 일상은 특별해지지 않았을까"라고 묻고 있다.

여행 가면 카메라 셔터 누르기 바쁘고
오늘 뭘 먹었는지 트위터를 통해 알리며
심지어 덜 마른 시멘트 바닥에 이름까지 써두는 사람들
시간이 흐를수록 기억저장고는 좁아지고
감각 또한 무뎌지기에 흔적을 남기려는 것일까

어느 날 「난중일기」를 읽으며 기록의 소중함을 알았다
최고사령관으로 부상자, 사망자, 전쟁 상황, 모습, 나라 충성심, 효도 등 7년 동안을 기록한 장군의 일기

원균은 기록이 없다. 훌륭한 1등 공신이었지만 600년 후 후손에게 알릴 증거가 없다

역사는 기록이다. 위대한 장군도 기록이 없으면 존재하지 않는다.
매일매일 조금씩 무언가를 쓰고 있다
다시 채워 가는 3시집도 더 풍성해질 게 분명하다
나는 조금씩 나를 기록하고 있다
─「호모 비블로스가 되는 시간」 전문

우리의 생활습관과 문화가 많이 변하였다. 한때는 여행을 갈 때 무거운 카메라를 챙겨가서 아름다운 풍경이나 인물을 주로 찍었지만 지금은 간편하게 휴대폰에 내장된 카메라로 무엇이든 찍어댄다. 주문한 음식이 나오면 먼저 '인증샷'을 남기기 바쁘다. 글을 쓰기보다는 셔터 하나를 가볍게 눌러 영상으로 기록한다. 하지만 그 맛을 보고 느낀 감정까지는 찍히지 않는다. 그 맛에 대한 평가는 알 수가 없다.

김민자 시인은 임진왜란 때 충무공 이순신이 진중陣中에서 쓴 「난중일기」를 읽으며 기록의 소중함을 깨닫는다. 임진왜란이 일어난 1592년부터 끝난 1598년까지의 일을 간결하고 명료하게 기록한 「난중일기」는 그 시대의 상황을 눈으로 보듯 부상자, 사망자, 전쟁 상황, 나라에 대한 충성심, 부모에 대한 효도 등 7년 동안을 세세히 기록하였다.

「난중일기」는 말 그대로 전쟁을 치르며 쓴 일기이다. 당시 개인이 쓴 일기는 후세까지 내려와 위대한 역사적 유물이 되었다. 기록의 힘이다. 이순신도 기록형 인간을 뜻하는 호모 비블로스homo biblos에 속하는 셈이다.

1등 공신이었던 원균은 기록이 없다. 600년 후 후손에게 알릴 증거가 없는 것이다. 하여 김민자 시인은 "역사는 기록이다. 위대한 장군도 기록이 없으면 존재하지 않는다/ 매일매일 조금씩 무언가를 쓰고 있다/ 다시 채워 가는 3시집도 더 풍성해질 게 분명하다/ 나는 조금씩 나를 기록하고 있다"고 한다. 영상이 아닌 시로 자신을 남기고 있는 것이다.

여기에서 주목할 점은 편리한 영상은 그 사람의 겉모습을 찍을 수 있어도 내면까지 찍어내지는 못한다는 것이다. 스캔한 사진을 이미지 파일로 컴퓨터에 저장하고 그 파일을 불러낼 때 컴퓨터는 이미지를 출력해 줄 뿐이다. "컴퓨터에게 부여된 기억의 목적은 어떤 대상을 있는 그대로 저장하고 복원하는 것이지만, 인간의 사고의 목적은 그 대상을 이해하는 것이며 그 이해한 바를 담는 것이 바로 기억"이라는 것이다. 아주대학교 심리학과 김경일 교수는 "인간이 무언가를 기억해 낸다는 것은 있었던 무언가가 아닌 있었던 무언가에 대한 나의 이해를 꺼내는 것"이라고 한다.

우리의 기억은 불완전하다. 경험한 것들이 기억나지 않거나 애써 기억해 낸 것이 정확하지 않을 때가 있다. 편리함만 추구하는 시대에 내면의 모습, 감정까지 소상하게 남길 수 있는 기록에 대해 다시 한 번 생각하게 하는 작품이다.

육종학자인 우장춘 박사는
죽어 염라대왕 앞에 불려가서
너는 세상에 태어나서 무엇을 했느냐?
질문을 받으면 이렇게 대답하겠다고 했다
"나는 배추잎사귀 하나 사람들이 먹기 좋게 잘 개량해 놓고 왔습니다."

만약 내가 같은 질문을 받는다면
어떤 대답을 할 수 있을까

이 세상에 태어나 뭘 했는지
무슨 대답을 할 수 있을지
아무리 생각해 봐도 자신 있는 대답이 나오지 않는다

그저 말 한마디 따뜻하게 하고
시원한 물 한잔 건네주고
어려운 이웃을 위해 작은 마음 보탰습니다
주부가 집안일을 놓으면 온통 어지러워 질까봐
그것으로 내 몫을 다 했습니다

뭔가 대단한 일을 해야만 하는 것은 아닐 게다
「너는 세상에 태어나서 무엇을 했느냐?」 전문

'시작'이 있으면 '끝'이 있다. '시작'에서 '끝'으로 가는 과정에서 어떤 결과물이 만들어진다. 그 결과물의 크기에 따라 그에 대한 평가는 달라진다. 과정은 생략되고 결과물만 본다면 세상의 주인은 몇이나 될까. '적재적소'란 말이 있다. 길가에 뒹구는 돌멩이 하나도 모두 쓰임새가 있고 하찮은 잡초도 제자리에서 최선을 다해 살아간다.

주발, 사발, 보시기, 종지, 접시, 뚝배기 등, 밥상에 올라온 그릇도 크기와 모양이 다르고 쓰임새가 다르지만 식기食器라는 점에선 동일하다.

사회적 환경에 영향을 받는 사람들은 외부 환경에 생각과 행동이 고정되지만 대부분은 각자의 자리에서 묵묵히 제 역할을 하며 살아간다. 크고 작은 차이는 있겠지만 누가 더 잘 살았는지는 인간이 섣불리 판단할 일은 아닐 것이다.

　김민자 시인은 힘든 사람에게 말 한 마디 따뜻하게 하고 목마른 사람에게 시원한 물 한 잔 건네주고 어려운 이웃을 돕고 주부로써 책임을 다했으니 염라대왕 앞에서 대답할 말이 있다고 한다. 대답할 말을 만들며 살아온 삶은 넉넉한 삶이다. 잘못이 드러나고 변명의 여지가 없을 때 입이 열 개라도 할 말이 없다. 잘못을 저지르면 궁색한 변명이 나오지만 행동이 당당하면 말도 당당해진다.

　크고 화려하고 눈에 보이는 것만이 전부가 아니다. 무엇을 했느냐보다, 어떻게 살았느냐가 질문이 되어야 한다. '궁색한 변명'이 아닌 '당당하게 대답할 말'을 지으며 살아온 삶이 얼마나 아름다운지 잘 보여주는 작품이다. 천성이 밝고 긍정적인 시인은 「나는 여름이 어디로 가는지 알아」에서도 평범한 일상을 새콤달콤한 '레몬'처럼 유쾌한 상상으로 바꾸어 놓는다.

　　방에 틀어박힌
　　'방콕' 여행자
　　'비非 여행자로 살아볼까

　　상상으로 여행을 떠난다

　　남아프리카의 요하네스버그
　　프랑스 파리의 몽마르트르
　　독일의 로만틱 스트라세

헝가리 부다페스트
항유고래가 많이 모이는 카우와이 섬
모든 집과 건물이 절벽 위 아슬아슬하고도 아늑하게 자리하고
지구에서 가장 뜨거운 햇살, 신이 사랑한 섬
인류가 처음 발견된 곳 그리스의 산토리니
카이로와 룩소르 등을 둘러보는 나일강 크루즈

특별한 휴양지를 찾아
비행기에 오르지 못할 때
꼬박꼬박 삼시세끼 짓는
부엌이 지옥처럼 보일 때

나는 여름이 어디로 가는지 알고 있다
「나는 여름이 어디로 가는지 알아」 부분

코로나가 무서워서 여행을 떠나지 못한 시인에게 상상은 즐거움의 시작이다. 삼시세끼 꼬박꼬박 밥상을 차려야 하는 주부들에게 여행은 "일상의 탈출구"이며 "삶의 활력소"이다.

"특별한 휴양지를 찾아/ 비행기에 오르지 못할 때/ 꼬박꼬박 삼시세끼 짓는/ 부엌이 지옥처럼 보일 때// 나는 여름이 어디로 가는지 알고 있다"고 한다. 알고 있어 더 가고 싶은 곳이고 알고 있기에 갈 수 있는 곳이지만 '삼시세끼'에 매여 아무 데도 갈 수 없을 때 시인은 "나는 여름이

어디로 가는지 알고 있다"고 스스로 위로한다.

프랑스의 사회학자인 앙리 르페브르H. Lefebvre는 늘 반복되는 지루한 일상성의 가장 위대한 측면은 "완강한 지속성"에 있다고 했다. 변함없는 일상을 지루해하지만 특별할 것이 없는 평범함이 이어져 무사한 날들이 되고 그렇게 "지속된 무사함"을 '행복'이라고 바꾸어 부를 수 있을 것이다.

문학은 인식에 의해 가치를 인정받지 못하는 것들, 이미 사라진 "존재의 부재"까지 복원할 능력이 있다. 문학이 지닌 힘은 "부정을 목표로 하는 부정이 아니라, 없음을 뚫어지게 바라보면서, 없음의 현실을 부정하는 힘, 또는 없음에 대한 있음을 꿈꾸는 건강한 힘"이라고 한다.

낯선 이미지와 균형을 이루는 "뜻밖의 것들"을 찾아내어 그들의 "상호관계를 증명하거나 보이지는 않지만 실재하는 것이 무엇인지 탐색하는 "막막한 여정"에 합류하는 시 쓰기는 시인에게 주어진 즐거운 고통이다. 어느 시인은 나약한 자들이 벌이는 위험한 싸움터에서 그 싸움이 오로지 나 혼자만의 것이 아님을 알게 되었을 때 "문학의 행복"을 느낀다고 하였다.

제3시집 『왜 레몬이란 단어를 읽으면 침이 고일까』에서 김민자 시인은 혼자만의 싸움이 아닌, 다수의, 그러나 개별적인 싸움에서 "없음에 대한 있음을 꿈꾸는 건강한 힘"으로 "깊게 파기"를 시도해 사유를 넓히고 "삶의 가치"가 무엇인지 보여주고 있다.*

see in 시인특선 058

김민자 제3시집
왜 레몬이란 단어를 읽으면 침이 고일까

제1쇄 인쇄 2021. 8. 15
제1쇄 발행 2021. 8. 20

지은이 김민자
펴낸이 서정환
엮은이 민윤기
펴낸곳 문화발전소
서울시 종로구 삼일대로 32길 36 운현신화타워 305호
월간시 편집국 : 서울시 종로구 종로 1가 르메이에르 종로타운 1031호
Tel 02-742-5217 seepoet@naver.com

ISBN 979-11-87324-80-5 04810
ISBN 979-11-953101-1-1 (세트)

값 12,000원

ⓒ 2021 김민자
PRINTED IN KOREA

*저자와의 협약에 따라 인지는 생략합니다.
*파본 및 제본이 잘못된 책은 구입서점에서 교환하여 드립니다.
*이 책은 저작권법에 의하여 보호받는 저작물이므로
 이 책의 전부 또는 일부를 재사용하려면
 반드시 문화발전소와 저자의 허락을 받아야 합니다.